LA MEJOR "COACH" PARA TUS HIJOS...

GABRIELA GARCÍA

www.coachparatushijos.guiaburros.es

Diseño de cubierta: © Andrea Fernández (EDITATUM)
Maquetación de interior: © EDITATUM

Primera edición: mayo de 2020

ISBN: 978-84-18121-17-3
Depósito legal: M-12643-2020

IMPRESO EN ESPAÑA/ PRINTED IN SPAIN

Si después de leer este libro, lo ha considerado como útil e interesante, le agradeceríamos que hiciera sobre él una **reseña honesta en cualquier plataforma de opinión** y nos enviara un e-mail a **opiniones@guiaburros.es** para poder, desde la editorial, enviarle **como regalo otro libro de nuestra colección.**

Agradecimientos

A mis hijos Thiago y Thomas, mis maestros de vida, que me enseñan cada día lo "Gran Diosa y poderosa" que es la vida vista con sus ojos desde la sencillez, naturalidad y desde el "todo es posible".

A mis padres, por haberme acompañado en mi crecimiento y hecho lo mejor que han podido, con todo el amor del mundo.

A mi familia por su apoyo incondicional, hoy y siempre.

A todos los niños del planeta que se despiertan cada día con la ilusión de lograr misiones extraordinarias en sus vidas.

Sobre la autora

Gabriela García González es autora, conferencista y una referente del *coaching* para niños y el empoderamiento infantil y femenino. Es experta en Desarrollo Personal Integral para mujeres, profesora de Educación Infantil Consciente, formadora y mentora en Emprendimientos desde el ser.

Reúne toda una vida de estudio psicológico, práctica espiritual y trabajo de transformación empoderando a niños y a mujeres, así como asesorando a terapeutas, psicólogos y educadores, a través de sus programas de entrenamiento, mentorías, formaciones y cursos digitales desde *Gran Diosas con Power Academy*, y también desde su consulta privada de *coaching,* acompañando en su desarrollo tanto a niños como a sus familias, además de impartir conferencias internacionales tanto virtuales como presenciales.

CEO y fundadora de la plataforma digital *Gran Diosas con Power*, donde asesora a cientos de mujeres acompañándolas por el camino de la evolución personal y la autorrealización, creando el movimiento "Emprende desde tu "Gran Diosa" esencia y sé inspiración para tus hijos" a través de su Programa de Entrenamiento para Empresarias Digitales Conscientes *Gran Diosas Luxury.*

Desde muy joven comenzó a viajar y a vivir en varios países del mundo, empapándose y enriqueciéndose de las diferentes culturas, sus costumbres y de su desarrollo, enfocándose cada vez más en potenciar los talentos de los niños y mujeres a través del empoderamiento desde su esencia.

Su sello personal es el de cumplir con su tarea, guiando a mujeres y a niños a través de su poderosa metodología, fruto de su conocimiento y experiencia tanto en el ámbito de las ciencias como en el de la espiritualidad.

Índice

A ti, lectora

Esta guía, escrita con el alma, está dedicada a ti, querida lectora, por ser tan valiente y salir de tu zona de *confort*, para que descubras el poder extraordinario que hay en ti.

Gracias por tomarte el trabajo de ir en busca de tu infinito poder personal y sentir la necesidad de inspirar a quienes te rodean, y sobre todo, por sembrar la semilla del amor y la expansión en todo niño que se presente en tu camino (la primera niña que te has encontrado en la vida has sido tú misma).

Más adelante entenderás por qué te lo digo...

Normalmente la mayoría de los libros, amada lectora, están escritos en neutro, donde el genérico es el masculino. Aunque este es un libro escrito para todos, a veces está redactado indistintamente también en femenino.

¿Por qué lo hago?

Porque de esta forma he querido hacerle mi particular homenaje a las mujeres de todos los ámbitos, comprometidas con su evolución personal, porque antes de ser madres son mujeres "Gran Diosas" que saben y sienten que hay mucho más en ellas por descubrir, para compartirlo con el mundo e inspirar y guiar a sus hijos.

Prólogo

Cómo aprovechar esta guía: recomendaciones de la autora

En este apasionante viaje que te propongo que hagamos juntas, te recomiendo que tengas a mano un cuaderno o libreta para que puedas escribir y poner en práctica todas las herramientas que te compartiré aquí (ya me irás conociendo, me gusta ser 100 % práctica porque de esa forma es como le sacamos el máximo provecho a nuestras vidas). Cuando escribes, aterrizas tus ideas, objetivos, sueños y anhelos, dando el primer paso hacia la materialización en este plano físico.

¡Así que toma bolígrafo y papel, que comenzamos!

Puedes empezar por la herramienta que más resuena contigo hoy, e ir poniéndola en práctica con disfrute, consistencia y dedicación, para luego pasar a la siguiente que más necesites en ese momento. Así que siéntete libre de ir recorriendo esta ruta apasionante como prefieras, aunque es recomendable que comiences por las primeras para trabajar tu ser esencial. Primero te percibes a ti misma, te haces consciente desde dónde partes para aceptarlo e ir caminando hacia tu transformación personal y la de tus hijos.

Y como digo siempre en mi programa de *podcast* "Desayuno con Gran Diosas", prepárate tu infusión preferida, ponte cómoda en el rincón de tu casa que más ames y resérvate unos pocos minutos diarios de calidad como ritual para mimar tu alma. ¡Comenzamos ya mismo!

¡Hoy date permiso para ser quien verdaderamente eres!

¡Ábrete a descubrir una forma diferente para recorrer este apasionante camino de vida junto a tus hijos!

Si no has escuchado aún mi *podcast*, te invito a que lo hagas para complementar esta guía. Allí tienes numerosos episodios de audio relacionados con el desarrollo personal integral y todos estos temas.

https://anchor.fm/gran-diosas-con-power

Por qué te interesa leer esta guía y para qué sirve

Esta guía marcará una diferencia en tu vida, te permitirá primeramente autodescubrirte como persona, quién eres verdaderamente, para luego potenciar los talentos y habilidades innatas de tus hijos y ser el modelo ideal que ellos necesitan, además de ayudaros a que conectéis entre vosotros de una forma más plena. Liberaréis vuestro verdadero ser.

¡Date la oportunidad de sorprenderte!

A quién está dirigido

Va dirigido a madres, padres, abuelas, profesoras, educadoras, terapeutas y a todo tipo de persona que quiera evolucionar y crecer desde su interior para vivir en bienestar, y a su vez quiera ser inspiración para todo niño que lo rodea.

Además, es un libro con herramientas de cabecera al cual podemos acudir niños y adultos a lo largo de nuestras vidas.

Cómo funciona esta guía de herramientas

Esta guía está formada por 33 herramientas de cabecera para experimentar una vida mucho más consciente, a la cual podemos acudir niños y adultos a lo largo de toda nuestra vida. Puedes comenzar por la que más te resuene o por el orden en el que están explicadas. Sigue las instrucciones que te detallo en cada una de ellas para que las pongas en práctica cuanto antes. Cuando te comprometes contigo misma no existen las excusas, y cuando las compruebas, literalmente... ¡tu vida cambia!

Esta guía te llevará hacia el camino de tu autodescubrimiento, abriéndote las puertas de una forma de vida diferente de la que saldréis enriquecidas tanto tú como tus hijos y entorno. Iremos de la mano para que transformes y puedas crear el ambiente ideal que hará que tus hijos prosperen y florezcan en su ser más auténtico.

Te permitirá conocer mejor a tu hijo y a la vez a ti misma, ya que con el *coaching* infantil los niños y adolescentes se comprenden mejor a sí mismos, y les permite descubrir qué es lo que realmente quieren para su vida. También conseguirán fortalecer la confianza en sí mismos para que puedan sobrellevar mejor situaciones que deban trascender a lo largo de su experiencia de vida, como por ejemplo saber afrontar una separación en la familia, aprender a resolver sus problemas, desarrollar independencia, sentirse seguros de sí mismos, etc.

Para todo ello necesitan a alguien que los escuche realmente, que los sepa motivar a hablar del problema que se les presente, a compartir y expresar sus emociones, como también a aprender a resolver sus propios problemas, y aquí es donde apareces tú como madre, educadora, abuela, terapeuta, o una persona que está constantemente en contacto con niños. Y si aún no eres madre, te permitirá sentar unas excelentes bases para cuando tengas pensado serlo. Esta guía está escrita exclusivamente para ti y para tus hijos; en ella vas a aprender las herramientas necesarias para que seas la mejor entrenadora de vida de tus hijos.

Las herramientas de empoderamiento infantil y juvenil que compartiré contigo te permitirán potenciar todos los valiosos talentos de tus hijos y elevar sus valores desde la educación consciente.

También te ayudará a expandir toda la esencia de tus hijos, para que viváis una experiencia de vida mucho más amable, con más equilibrio en todas las áreas de vuestras vidas, y así poder dejar un mejor legado y contribución al mundo.

Qué conseguirán tus hijos a través de la puesta en práctica de estas herrramientas

- Serán niños que reconozcan mucho mejor su verdadera identidad esencial.
- Actuarán con mayor certeza, ya que tendrán mayor claridad en lo que realmente quieren para su vida.
- Aprenderán a resolver sus propios problemas con mayor efectividad y reflexión.
- Reconocerán sus talentos y a sacarle el mayor potencial a ello.
- Abordarán y reconocerán sus emociones y sentimientos mucho mejor.
- Aprenderán a comunicarse de forma efectiva y clara.
- Desarrollarán y potenciarán habilidades imprescindibles para su vida.
- Reforzarán e incrementarán su autoestima y autoconfianza.

- Serán más resueltos a la hora de enfrentarse a sus propios problemas.

- Afianzarán su sentido de la responsabilidad.

- Le permitirá enfrentar los temas cotidianos y experiencias de una forma más efectiva.

- Tendrán más aprecio, autovaloración y amor por sí mismos.

- Serán más independientes.

- Desarrollarán resiliencia para adaptarse a cambios y trascender situaciones de forma más amable y efectiva.

- Tomarán decisiones de una forma más reflexiva.

- Incrementarán su enfoque positivo.

- Se impulsarán con empuje hacia la vida que desean.

- Serán capaces de diseñar su propia realidad.

- Podrán autoconocerse y conectar con su verdadera esencia.

- Aprenderán a optimizar los aprendizajes de los aparentes fracasos.

Y muchísimo más...

Quién soy yo y por qué he escrito esta guía

A lo largo de los más de 25 años que llevo en el apasionante y enriquecedor mundo del desarrollo personal integral, he experimentado el despertar de mi misión de vida, a través de mi carrera como profesora de educación infantil consciente, y desarrollando mi *expertise* como *coach* integral infanto-juvenil y de mujeres, a través del empoderamiento y la creación de emprendimientos digitales conscientes.

Mi paso por diferentes países, desde muy joven, con el fin de formarme en diversas instituciones internacionales alrededor del mundo, ha contribuido a enfocarme en el profundo y apasionante mundo del autoconocimiento, base fundamental para la construcción consciente de todo ser. Esta formación constante ha sido impulsada por varias grandes "reinvenciones" personales a lo largo de mi vida, las cuales he podido llevar a cabo gracias a la aplicación de todas las herramientas de desarrollo y crecimiento personal que he ido adquiriendo e imparto en todas mis formaciones.

Consciente del poder de dichas herramientas, fundo y dirijo la plataforma "Gran Diosas" con Power (www. grandiosasconpower.com). Desde allí ayudo a mujeres y a niños a que vivan una experiencia de vida más feliz desde quienes verdaderamente han venido a ser, a través del Programa para Madres Conscientes, en donde trabajamos en profundidad este libro, llevando tu crecimiento personal y la crianza de tus hijos a un siguiente nivel y obteniendo como resultado un cambio sustancial que se queda implementado como un hábito en tu vida.

Soy una apasionada y eterna investigadora del crecimiento personal, en constante formación (actualmente formándome como neuropsicoeducadora), y soy consciente de que lo seré hasta el final de mis días, ya que amo adquirir y poner en práctica conocimientos nuevos, constantemente actualizados en estos temas para que nuestra experiencia de vida sea cada vez más plena.

Como te decía, desde los comienzos de mi adolescencia he pasado por varios procesos profundos de reinvención personal a través de desafíos que se han presentado a lo largo de mi vida, hasta finalmente alcanzar la vida que realmente quería, haciendo lo que amo y ayudando a los demás. Luego de estos numerosos procesos de transformación vividos —que no han sido nada fáciles— quiero ayudarte a que lo hagas tú también y lo vivas desde tu pasión despertando todos tus sentidos como nunca antes.

En mi primera etapa como formadora me diplomé en Administración de Empresas Hosteleras y *Marketing* en Florida (Estados Unidos), así como en profesorado de inglés. También recibí formaciones en yoga para niños y técnicas de *Mindfulness Based Stress Reduction* (Massachusetts) para reducir el estrés a través del *mindfulness* y la conciencia plena. Esto consiste en estar atento a las vivencias, sin juzgar ni apegarse a las experiencias, siendo este proceso acompañado por la meditación. Soy madre de dos niños, que han llegado en el momento perfecto y de los cuales aprendo a diario.

Si hay algo que he aprendido es que cuando tomas la decisión y te comprometes a mejorar tu vida y la de quienes te rodean, no hay nada ni nadie que te detenga.

Si así lo decides seré tu guía para que recorramos juntas este camino directo hacia tu libertad y felicidad.

¿Y por qué he escrito esta guía?

De pequeña me hubiese gustado que mis padres hubieran tenido acceso a este tipo de formación y conocimiento, que hubieran accedido a un manual de cabecera sencillo, ameno y práctico, que les hubiese podido orientar en una educación más consciente.

¿Qué hubiera sido de ti misma si desde pequeña hubieses tenido la compañía de un *coach* especializado que hubiera sacado la mejor versión de ti misma?

No te preocupes, porque ahora puedes tener acceso a ello y para ti no es tarde, y por supuesto para tus hijos tampoco.

Siento y veo que es necesario, en este mundo actual y esta cultura, un profesional en este ámbito que acompañe a tu niño hacia su mejor versión de sí mismo. Hay muchas culturas que están familiarizadas con el *coach* infantil y con la implementación en los colegios, porque son conscientes de los beneficios que obtiene cada integrante de la sociedad luego de acceder a este acompañamiento.

Es nuestra responsabilidad contribuir a una nueva manera de vivir desde el ser. El mayor tesoro y beneficio que puedes ofrecer a tus hijos es la atención, presencia, autoconocimiento desde el amor a uno mismo, y esto requiere de tu compromiso. Desde tu búsqueda interior serás la mejor compañía y guía para ti misma y para ellos.

Mis lemas:

- **Niños felices y conscientes construyen un mundo mejor.**
- **Tienes el poder de diseñar tu vida despertando tu consciencia.**
- **Haz que tus anhelos sucedan.**

Introducción

El *coaching* para niños ayuda a los más pequeños a solucionar sus propios problemas y a potenciar todos sus talentos, autodescubriendo su propia esencia, permitiéndoles vivir una vida mucho más plena, coherente y feliz, entre otras cosas, además de ser una herramienta fundamental para el autoconocimiento, la autoestima y la autovaloración. Cuando le damos prioridad a ello, nuestra vida cambia y se transforma radicalmente porque nos permite ser quien verdaderamente somos en esencia, conocemos con claridad qué es lo que hemos venido a ser y hacer en este plano, aprovechando mucho mejor nuestra experiencia de vida, y nos impulsa a compartir nuestro legado único e irrepetible con el mundo.

Es por eso que, a menudo, cada vez más padres toman consciencia de que necesitan ayuda para poder acompañar a sus hijos a desarrollarse personalmente de una forma integral, lo que a la vez les permite crecer también a ellos como personas comprometidas a vivir una vida de mayor bienestar, con equilibrio en todas las áreas de sus vidas.

Habitualmente, los padres descubren que sus hijos tienen algún problema, pero no saben cuál es la mejor forma para ayudarlos, ya que no hemos nacido con un manual de instrucciones de cómo ser los mejores padres para nuestros hijos o queremos que ellos desarrollen todos sus habilidades y talentos, pero no sabemos cómo guiarlos para que puedan expandir su mayor potencial.

La experiencia de ser padre es un reto de vida donde aprendemos de nuestros hijos y de nosotros mismos a lo largo de este camino, y con el *coaching* infantil los niños logran ver qué es lo que de verdad quieren en la vida con total claridad.

De modo que este es el momento perfecto para que tú, como madre, profesora, educadora, abuela o persona que estés en contacto con niños y adolescentes, comiences a trabajar a consciencia desde el alma como "entrenadora" de vida, y darles esas herramientas emocionales fundamentales para que sean independientes, con valores, seguros de sí mismos, y para que no tengan que recurrir a ti porque no sepan gestionar por sus propios medios los obstáculos que se les presenten a lo largo de su vida.

Estoy aquí para guiarte y ayudarte en tu viaje de autodescubrimiento.

Este es un proceso sutil y amoroso que te transformará primero como persona, y luego como madre de una forma espectacular.

Así que te invito a que comencemos a trabajar juntas, en equipo, para que vivas con tus hijos una vida mucho más equilibrada, feliz y plena. Será un antes y un después. ¡Compruébalo!

¿Qué es el *coaching*?

El *coaching* es un conjunto coordinado de acciones orientadas a mejorar el desenvolvimiento de una persona, de manera que llegue a alcanzar su pleno potencial o que redefina la perspectiva acerca de su potencial.

Es un proceso de transformación personal en el que un *coach* (entrenador) y *coachee* (quien recibe el *coaching*) trabajan para mejorar los resultados de la persona y conseguir diferentes logros y metas en distintas áreas de su vida.

Así, el *coaching* es un proceso de aprendizaje interno y autoconocimiento de las personas, mediante el cual podrán obtener resultados satisfactorios en su vida. Para ello se trabajan diferentes cuestiones emocionales, psicológicas y técnicas, con el objetivo de mejorar habilidades, gestionar problemas, reducir estrés, cambiar conductas, etc.

Esta amplitud de capacidad de consciencia de las personas hace que aumenten sus opciones, y por lo tanto hagan mejores elecciones, lo que provocarán mejores resultados. La toma de consciencia de las personas aumenta, porque aumenta su percepción, tanto a nivel cognitivo, mental y espiritual como a nivel físico y emocional. Uno es capaz de interactuar con el entorno y con los demás de una forma más plena, por lo que se siente mejor con uno mismo, lo que hace que obtenga una mayor satisfacción.

De esta forma, el *coaching* nos enseña a saber lo que queremos y nos ayuda a ver cuáles son los pasos que debemos seguir para llegar a ello. Por lo tanto, el *coaching* te ayuda a elegir mejor, a saber lo que quieres y a conseguirlo.

Qué hace un *coach* para niños

El *coach* especialista en niños y adolescentes es un profesional que los acompaña e impulsa en su evolución y crecimiento personal de una forma amena, para que desarrollen al máximo su potencial mientras va aumentando el autoconocimiento de su ser, liberando tanto sus talentos innatos como incrementando habilidades que le ayudarán a lo largo de su vida. De este modo obtendrá infinidad de valiosos resultados, entre ellos un mayor bienestar equilibrado en todas sus áreas, que repercutirá en sus vidas positivamente.

Un *coach* les enseña a buscar soluciones prácticas a sus problemas, le acompaña a descubrir las habilidades y herramientas que necesitan para la vida, les ayuda con sus preocupaciones y a darse cuenta de que son capaces de cambiar las situaciones en las que se ven envueltos. También les anima a mejorar en la comunicación y el proceso de razonamiento, alejándoles de sus miedos, entre otras cosas. El *coach* les entrena para la vida, aportándoles una visión mucho más positiva.

Por qué es importante adquirir e incorporar en nuestro día a día estas herramientas

Aprendiendo estas herramientas podrás transmitir un aprendizaje coherente y consciente a tus hijos y nietos; si eres profesora, a tus alumnos, o si eres terapeuta, a tus pacientes.

Les darás la oportunidad de liberarse de creencias limitantes y le abrirás las puertas al conocimiento de sus posibilidades infinitas y cualidades, dejándoles "ser".

Parte I

Herramientas para ti y para tus hijos

1. Cómo acompañar a tu hijo en el desarrollo de su ser esencial

Cuando iniciamos este camino de ser madres, en la mayoría de los casos no tomamos conciencia desde qué punto de partida iniciamos esta crianza, ni hacia dónde vamos o qué enfoque le vamos a dar a la crianza de nuestros hijos. Por eso todo parte primeramente desde ti, desde tu esencia como persona y haciéndote consciente de ello para evitar transmitirles tus sueños frustrados, tus necesidades aún no cumplidas, tus ansiedades o tus problemas no resueltos. Solo a través del despertar de tu consciencia podrás construir una relación extraordinaria con tus hijos, respetando tanto tu ser esencial como su propia esencia.

Ejercicio

Preguntas para que te formules a ti misma:
- ¿Permito que mi hijo fluya de manera natural?
- ¿Disfruto de mi hijo por ser quién es?
- ¿Contemplo y aprecio a diario lo milagroso que es mi hijo por ser quién es?
- ¿Contribuyo a que mi hijo conecte con su esencia natural interior?

Preguntas para que os formuléis tú y tus hijos:
- ¿Has conectado contigo hoy?
- ¿Cómo te estas sintiendo?
- ¿Has escuchado tu voz interior hoy?

- ¿Qué te transmite tu guía interior hoy?
- ¿Qué te dice tu voz interior?

Frase

El poder natural de tus hijos es *ser* quien han venido a *ser*.

#LaMejorCoachParaTusHijos

Afirmación

Soy amor, escucho a mi alma y me acepto tal cual soy.

@grandiosasconpower

Las frases y afirmaciones que encontrarás al final de cada herramienta te servirán para tomar conciencia e interiorizarlas con intención.

Puedes colgar estas frases en un panel donde las puedas ver a diario tú y tus hijos (podéis elaborarlas y escribirlas juntos). Os llenarán de inspiración y acción cada día que las tengáis presentes.

Y si así lo deseas, también puedes compartir las frases y afirmaciones en tus redes sociales, Twitter, Instagram, Facebook o con quienes creas que lo esté necesitando, con el *hashtag* #LaMejorCoachParaTusHijos.

2. Cómo transmitirle a tu hijo que ya es suficiente, tan solo por ser quien es

Todos queremos que nuestros hijos sean grandes profesionales, un científico, un deportista de fama mundial o una medallista olímpica, y empujamos a los niños a destacar en algo. Con estas acciones solo buscamos que nos valoren por nuestros logros y, sin darnos cuenta, es lo que les transmitimos a nuestros hijos, haciéndoles un flaco favor. Cuando inconscientemente les enseñas que hay que lograr esto y lo otro para ser alguien y que todo depende del rendimiento, la infancia se enfoca siempre en el futuro en vez del ser y estar en el presente. Como consecuencia, atraes ansiedades y estrés tanto para ti como para ellos. De esta forma sienten que nunca son "suficientes".

¿Cómo puedes transformar estas acciones y reemplazarlas por otras realmente favorables, eliminando presiones innecesarias en vuestras vidas?

Ejercicio

- Es fundamental que vuelvas a la fuente de lo auténtico, de quien eres verdaderamente en esencia. Volver a tu centro del ser, a la simpleza extraordinaria.

- Con tus acciones, ayuda a tu hijo a comprender lo valioso que es, tan solo por ser él mismo, y que su sentido de la validez no se basa en los logros que consiga.

- Deléitate solo por el hecho de que sea él mismo, tal cual ha llegado a este mundo, sin más.

- Fomenta el valorar la grandeza de la simpleza en cada momento presente, como por ejemplo compartiendo unas sonrisas o disfrutando del olor a canela de un bizcocho horneado en casa.

- Deléitate de la normalidad, y así todo lo que llegue luego a tu vida será extraordinario.

Frase

La libertad de tu ser esencial, abre las puertas de tu grandeza.

Afirmación

Hoy solo me enfoco en el amor que nace de mí.

3. Cómo sembrar en tu hijo la grandeza de la simpleza

Cuando tus hijos aprenden a valorar lo simple y normal de cada uno de sus días, disfrutan mucho más del presente y de cada detalle que acontece en él.

Te invito a que, a partir de este momento, comiences a incorporar en tu vida las siguientes acciones que más resuenen contigo. Pruébalas porque harán una gran diferencia en tu vida y en la de tus hijos. Les estarás dejando un legado valiosísimo: el de "vivir la vida en sí misma".

Ejercicio

- Disfrutad de una caída de sol mientras hacéis un trayecto cotidiano en coche.
- Agradeced la calidez que disfrutáis en casa en el invierno.
- Tomad consciencia de lo afortunados que sois de poder disfrutar de un chorro de agua caliente en la ducha.
- La alegría de ser creativos y transformar un momento simple en una aventura.
- Comenzar una inesperada pero divertida sesión de cosquillas mutuas.
- Compartir una salida al encuentro con la naturaleza y simplemente apreciar la maravilla de su grandeza.

Puedes ser sencillamente creativa con solo cinco minutos mágicos con calidad, esencia y sencillez.

¡Conviértete en una creativa capaz de transformar momentos normales en extraordinarios con simples acciones creativas en tu hogar!

Frase

Niños y madres conscientes crean un mundo mejor.

Afirmación

Todos los días experimento una evolución constante.

4. Cómo impulsar a tu hijo a quererse y a amarse a sí mismo

Desafortunadamente, en la mayoría de los casos nadie nos enseña a amarnos a nosotros mismos desde pequeños, y como resultado, en la edad adulta, crecen nuestras inseguridades y pensamos que nuestro valor lo determinan los demás desde el exterior con sus opiniones sobre nosotros, por ejemplo.

Ese es un error que cuesta muy caro a lo largo de nuestro camino de vida. Por eso, hacerte consciente de esto te permite fortalecer tu interior y tu alma para poder irradiar confianza, seguridad y amor a los demás. Es importante que como madre comiences a amarte a ti misma y a valorarte, porque tus hijos se reflejan en ti. Así estarás fomentando en ellos el amor por sí mismos e incrementando su autovaloración como individuos. Siembra y nutre el creer y confiar en ti.

Ejercicio

- ¿Permito que mi hijo escuche su voz interior?
- ¿Yo conecto con su voz interior?

Encuentra un momento en el que estéis relajados, por ejemplo, caminando durante unos minutos disfrutando del parque o de la naturaleza para que aprovechéis a hablar sobre vuestros sentimientos y pensamientos. Transfórmalo en un momento de disfrute y verás qué enriquecedoras serán esas conversaciones. De esta forma estás creando el espacio para que tu hijo saboree este tipo de experiencia y la disfrute tanto que te lo vuelva a pedir con frecuencia.

> **Frase**
>
> Conectar con tu niño interior es encontrar el guía perfecto para tu vida.

> **Afirmación**
>
> Me abro a la plenitud de vivir de una forma más consciente.

5. Cómo compartir con tu hijo el deleite por el presente, en el aquí y ahora

Habitualmente estamos tan mecanizados en nuestro día a día que ni sabemos cómo hemos llegado hasta dónde estamos. ¿Te ha ocurrido alguna vez? Momentos en los que has comenzado a conducir y, pensando en tantas cosas, no sabes cómo automáticamente has llegado a tu destino. Vamos por la vida en piloto automático y nos olvidamos de vivir y saborear el valioso presente. Por eso te invito a que tomes consciencia del momento "ahora" en el cual estás respirando, y aprecies el milagro que eres cada segundo de tu valiosa vida. Cuando tú valoras tu presente, tus hijos aprenden a valorar el suyo porque te imitan. No hacen lo que les digas, sino que tratan de replicar lo que tú haces en forma de acciones, a diario.

Ejercicios

- Comparte con tu hijo tareas rutinarias pero con un enfoque diferente. Por ejemplo, escuchar su voz al hablar, enfócate en el tono de lo que te está diciendo, conecta con sus ojos y luego proponle que él haga lo mismo contigo. De esta forma vuestras conversaciones tendrán un sentido más profundo de conexión.

- Antes de ir a dormir proponle que oiga su respiración por unos minutos y que se enfoque en ella, en la maravilla de la naturaleza del ser humano y en su grandiosidad. Tú también puedes acompañarlo en este ejercicio y hacerlo juntos.

- En un momento de ajetreo e intensidad, detente por solo tres minutos y contempla tu entorno y sus colores. Aprecia lo que habitualmente ni te has dado cuenta que está ahí, frente a ti, a diario. Transmíteles a tus hijos lo afortunados que sois por poder estar viviendo esta experiencia de la vida juntos.

> **Frase**
>
> Vivir el presente es darle calidad a tu vida.

> **Afirmación**
>
> Fomento en mí y en mi hijo la paciencia divina.

6. Cómo desarrollar una excelente comunicación con tu hijo

El problema de la comunicación entre los padres e hijos es un tema que veo y abordo a diario en mi consulta privada de *coaching*. Los niños me comentan que sus padres no les prestan atención o que no les escuchan. Algunos se sienten como paquetes que van de un lado al otro sin saber a dónde van o por qué. (Estas son palabras muy comunes que utilizan los niños en sus sesiones conmigo). Muchas veces, como padres, no nos damos cuenta de la percepción que tienen nuestros hijos de ciertas actitudes nuestras, que practicamos de forma inconsciente. En el ajetreo diario no nos detenemos a pensar cómo ellos lo están viendo y perciben desde su perspectiva.

Para que seas más consciente de este hecho te compartiré unos ejercicios que te permitirán conectar mucho mejor con tu hijo.

Ejercicios

- Cuando estéis hablando, mírale a los ojos y que él haga contacto visual contigo. De esta forma le estas transmitiendo que le das importancia a lo que te está diciendo, además de enfocarte con atención en ello.

- Tu posición física al hablarle es de suma importancia. No es lo mismo hablarle con tu cuerpo relajado que con tus brazos colocados en forma de vasija con las manos en tu cintura, acompañado de un tono más determinante. ¿Lo ves?

- Fomenta el ambiente adecuado para comunicarte con tu hijo. Por ejemplo, algo de lo cual se quejan los niños es que al salir de clases sus padres lo primero que les preguntan es: "¿Qué tal te ha ido en el cole?" Para nosotros, los padres, es una pregunta inofensiva y creemos que es una forma de interesarnos por ellos. Pero en lo que quiero que te centres es en qué momento hacer este tipo de preguntas. La misma pregunta es bienvenida, pero quizás en un momento más distendido.

- Una pregunta que los impulsa a comunicarse mejor contigo es: "¿Qué opinas de...?". Aquí ven y sienten que están siendo tomados en cuenta para ciertas decisiones.

- Que compartas con tus hijos tus experiencias vividas, incluso situaciones en las que has cometido errores, es muy enriquecedor, ya que no se les transmite la perfección y que los errores son fracasos. Al contrario, les estamos reforzando la idea de que cuando nos equivocamos es una oportunidad para el aprendizaje.

Frase

La comunicación profunda con nuestros hijos es el pasaporte hacia una relación extraordinaria.

Afirmación

Yo utilizo las palabras adecuadas para comunicarme con mi hijo.

7. Cómo fomentar el aprecio por la vida en tus hijos

Cuando tus hijos aprenden a valorar lo simple y normal de cada uno de sus días, disfrutan mucho más del presente y cada detalle que acontece en él.

Te invito a que, a partir de este momento, comiences a incorporar en tu vida las siguientes acciones que más resuenen contigo. Al ser consciente del valor que tenemos en nuestras manos al ser capaces de poder vivir cada día y reconocerlo, se nos abre un mundo de posibilidades creativas para mejorar nuestra experiencia de vida. Permitir que tus hijos valoren la oportunidad que tienen de vivir es guiarlos hacia el camino del aprecio infinito por las cosas.

Cuando nos hacemos conscientes de que el mundo externo no determina nuestra felicidad e implementamos el desapego, nos liberamos y somos feliz porque todo parte de quien verdaderamente somos. La felicidad se lleva dentro.

Os va a ser de ayuda la siguiente dinámica.

Ejercicios

Esta dinámica es para que la pongas en práctica junto con tus hijos.

Imaginad que perdéis la capacidad de poder ver durante una semana ó no poder oír (dedicad unos minutos para poneros en situación).

¿Qué ocurriría?

Y luego de unos días imaginad que recuperáis vuestra vista y vuestra visión.

Este ejercicio os servirá para reflexionar sobre algo tan valioso que tenemos al alcance de nuestra mano de forma diaria, pero no apreciamos. Imaginad poder disfrutar del ruido de la naturaleza, de los colores del otoño, de todo lo bello que nos rodea. Para la mayoría, aunque están en nuestro día a día, lo damos por hecho y lo pasamos por alto; o es más, ni siquiera nos percatamos de ello. De esta forma te pierdes de disfrutar y apreciar la vida tal cual es y todo lo que nos brinda, que es mucho, pero a veces no somos capaces de verlo. Es el comenzar a disfrutar de las pequeñas grandes cosas.

Al terminar, compartid entre vosotros lo que habéis reflexionado sobre esta dinámica.

> **Frase**
>
> Niños seguros de sí mismos y conscientes de ello construyen un mundo mejor.

> **Afirmación**
>
> Yo veo y percibo al mundo con alegría gracias a mi sabia percepción.

8. Cómo sembrar en tu hijo momentos de placentera calma

Una herramienta poderosa para que los niños disfruten e incorporen a sus vidas momentos de calma es la meditación, principalmente porque con ella se les enseña desde pequeños a enfocar su atención en lo importante, a mantener la calma, a entender mejor sus emociones y a mejorar su concentración. Una de las ventajas de la meditación es que nos ayuda a gestionar situaciones complejas, reduciendo los niveles de estrés y ansiedad.

Incorporar la meditación en los niños, por ejemplo a través del juego, les permite relacionarse mucho mejor con el mundo que les rodea, y sobre todo a conectar con ellos mismos. Es una herramienta que podrán utilizar a demanda vayan a donde vayan y, practicándola como un juego durante unos pocos minutos podrán notar sus grandes beneficios. Además, si te animas a practicarla con ellos, verás que será un grato acontecimiento para ambos desde el primer momento. Lo mejor de todo es que no necesitáis dedicarle mucho tiempo. Con solo unos pocos minutos de práctica divertida, pero enfocada, veréis milagros en vuestro bienestar.

Ejercicios

Es un tipo de meditación diferente a lo que habitualmente estamos acostumbradas. Esta meditación permite hacer cambios estructurales en nuestro cerebro, mejora la percepción y el bienestar.

Podemos meditar dando un bonito paseo, aunque sea durante diez minutos, y percibir un nuevo aspecto de la vida, como por ejemplo pararnos a observar y ser conscientes de la naturaleza que nos rodea.

Hoy escoge un árbol que te encuentres en tu camino y detente, solo por unos momentos, a observar sus hojas, su forma, su color, su olor. Aprecia semejante divinidad, pregúntate cómo ha sido el proceso por el cual esa hoja este allí en ese árbol.

Lo puedes hacer junto a tus hijos, aprovechando una caminata. Luego de este ejercicio comentad vuestras percepciones, sentimientos y sensaciones.

Frase

Todo es posible cuando lo anhelas con el corazón.

Afirmación

Veo y percibo la belleza que me rodea diariamente.

9. Cómo ser un espejo de coherencia para tus hijos

Muy a menudo nos encontramos con situaciones en las cuales, sumergidos en el estrés, pensando en todo lo que nos queda por hacer, no prestamos la atención debida a nuestros hijos como consecuencia de ello. Por ejemplo, si tu niño te pide que le lleves al parque justamente en un momento en el cual estás con mil cosas a la vez, y le dices que sí para que te deje terminar lo que estás haciendo, pero al cabo de un rato te pregunta que cuándo vais al parque y le dices que no podéis ir, no estás siendo coherente ni con lo que dices ni con lo que haces. De esta forma ellos pierden la confianza en tus palabras y se sienten defraudados porque les has mentido. Aunque no haya sido tu intención, por la situación en la que estabas cuando te lo ha pedido, ellos se reflejan en ti y modelan tus comportamientos. Por lo tanto, el día de mañana, cuando ellos estén en una situación parecida, lo que harán es decir una cosa y luego hacer otra, porque esa experiencia la incorporan a su vida.

Estas experiencias las generamos inconscientemente, pero lo bueno es que ahora tienes la oportunidad de hacerte consciente de ello, de auto observarte y auto percibirte. Al darte cuenta te permitirá comunicarte de una forma más coherente con tus hijos. Para ello te invito a que practiques la siguiente dinámica.

Ejercicio

Al final del día, detente a recorrer como espectadora las situaciones que has experimentando hoy, relacionadas con la interacción con tus hijos, y hazte las siguientes preguntas:¿Has sido coherente tanto con lo que les has dicho como con lo que has hecho? Si no has sido coherente, no te juzgues; solo sé consciente de ello.¿Cómo puedes actuar de una manera más coherente en próximas situaciones que se te presenten?Implementa un pequeño cambio favorecedor, que puedas utilizar para ser más coherente con lo que dices y con lo que haces. Ellos modelarán tu forma de actuar. Recuerda que pequeños cambios en nuestras vidas dan como resultado grandes transformaciones.

Frase

Nuestros hijos nos permiten despertar a una nueva realidad.

Afirmación

Yo creo en mi poder coherente de hacer las cosas.

10. Cómo fomentar el estado de gratitud en tus hijos

Cuando fomentas el estado de gratitud en tus hijos, les permites percibir su día a día desde otra perspectiva. Cada niño que aprenda a incorporar la gratitud en su rutina diaria, creará un impacto positivo a lo largo de su proyecto de vida. No solo es importante que incorporen el agradecimiento hacia las cosas buenas, sino también a situaciones difíciles que se le pueden presentar. Todos los problemas, incluso los fracasos, nos permiten fortalecernos y adquirir herramientas emocionales nuevas para próximos desafíos. Como madre, le ayudarás a contemplar todas las situaciones difíciles como ocasiones de crecimiento personal. Enfocarnos en la gratitud nos conecta de nuevo con nuestra verdadera esencia.

Ejercicio

En el día de hoy, solo te enfocarás en agradecer. Antes de irte a dormir, toma tu libreta y agradece lo que ha acontecido en tu día, tanto lo bueno como lo malo. Siéntete agradecido del aprendizaje que te traen estas situaciones para evolucionar como los seres que somos. Escribe: "hoy elijo ser agradecido". Regálale una libreta o un diario bonito a tus hijos para que puedan compartir este ejercicio antes de iros a dormir, agradeciendo tanto tú como ellos los momentos vividos en ese día, haciendo un listado de lo bueno que ha sucedido, de lo no tan bueno y qué aprendizajes habéis sacado de esa vivencia. Adquiriréis una herramienta poderosa para saborear la vida desde otra perspectiva.

Fomentar el agradecimiento diario es la llave hacia nuestro mayor bienestar.

Sé reflexionar de una forma positiva sobre todos mis aprendizajes.

11. Cómo ayudar a tu hijo a que conecte con su propio poder interior

Normalmente nadie nos enseña a amarnos a nosotros mismos desde pequeños, e introducir este hábito tan valioso en nuestras vidas crea las bases fundamentales de nuestra personalidad.

Ser conscientes de quiénes somos nos permite ver la belleza, el amor y el poder que hay dentro de nosotros.

Para que tus hijos comprendan la envergadura y lo maravilloso que es conectarse con uno mismo, primeramente es necesario que te sumerjas en el viaje y la aventura maravillosa de amarte a ti mismo, a través del autoconocimiento.

Un ingrediente fundamental para comenzar a apreciarnos a nosotros mismos y crear una buena base es el no juzgarnos, ya que no hay una forma correcta o incorrecta de hacer las cosas, pero sí es importante que tomes consciencia de que puedes amarte un poquito más todos los días. Cuando te amas a ti mismo y conectas con quien verdaderamente eres, toda esa vorágine de energía sutil se expande desde tu interior hacia tu entorno, te nutres de ti mismo para poder nutrir a quienes estén en contacto contigo. Somos energía y nuestro estado energético se percibe.

A partir de hoy, tanto tú como tus hijos aprenderéis a utilizar con sabiduría vuestro inmenso poder interior.

Ejercicio

Crea con tu hijo un grupo de apoyo integrado por ambos; si hay otro integrante de la familia deseoso de incorporarse a él, bienvenido sea. Si no, para comenzar, con vosotros dos será suficiente.

Cuando trabajamos en conjunto, con nuestros hijos como objetivo común, el vivir con mayor plenitud lo hacemos no para quejarnos de lo que nos ocurre y gruñir, sino que es un punto de unión para superar problemas juntos, elevarse por encima de ellos, crecer y potenciar el amor a cada uno de nosotros mismos.

Por eso te invito a que en este grupo que conformáis, al menos una vez a la semana os hagáis las siguientes preguntas, dentro de un contexto relajado y ameno:

- ¿Por qué estoy satisfecho conmigo mismo?
- ¿Del 1 al 10, cuánto me estoy amando?
- ¿Me acepto tal cual soy?

Cada integrante debe responder a estas preguntas y compartirlas con el otro. Este ejercicio, transformado en un diálogo ameno, os permitirá reforzar y apoyaros para aprender a amaros tal cual sois. La forma más rápida de solucionar un problema es amándonos tal cual somos. Primero nos acompañamos y nos rencontramos con nosotros mismos para poder acompañar a los demás. Es extraordinario lo que sucede cuando realmente nos amamos. Verás que atraerás hacia ti a personas y realidades que estén en la misma sintonía.

Frase

El aprender a amarte es descubrir tu verdadero poder interior para compartir con el mundo.

Afirmación

Me abro a disfrutar de cada instante.

12. Cómo ayudar a tu hijo a transformar errores en bendiciones

En muchas culturas del mundo, el fracaso y el error están prácticamente condenados, se transmite de generación en generación y se considera poco inteligente a aquel cuya proeza no le sale bien a la primera, o a la segunda, o a la tercera. En cambio hay otras culturas, como por ejemplo la americana, donde el que más fracasos lleva a sus espaldas es quien más sabiduría adquiere. A quien ha pasado por la experiencia de caerse y haberse levantado una y otra vez, se le admira y escucha con atención.

A partir de hoy tienes la gran oportunidad de poder hacer una diferencia en tu vida, tomando el fracaso como una bendición, y a su vez transmitirás algo realmente útil y valioso para la vida de tus hijos.

Ejercicio

Busca un momento, a lo largo del día de hoy, para que construyas la oportunidad de compartir con tus hijos una experiencia en la que, a simple vista, se considere como un fracaso, alguna situación en la que te has caído, sintiéndote abatida, pero recobraste la fuerza para salir adelante y te has sentido aún más fuerte por haberlo trascendido.

Una vez que has compartido tu experiencia, proponles que también ellos compartan sus "fracasos" (que en realidad no lo son).

Finalmente, reflexionad que lo que se ha obtenido como resultado de ese considerado "fracaso" ha sido el pasaporte para que sumemos habilidades significativas que utilizaremos para el resto de nuestras vidas. La fortaleza de caernos y levantarnos es una herramienta extraordinaria que aporta grandes beneficios a nuestra propia gestión emocional. Ante cualquier suceso, estaremos mejor preparados.

> **Frase**
>
> El fracaso no existe, nos aporta el poder del sabio aprendizaje.

> **Afirmación**
>
> Reconozco cada vez más en mí, quien "soy yo".

13. Cómo ayudar a tu hijo a vivir desde el amor

Cuando vives desde la división y la individualidad, te alejas de quien eres en esencia. Somos energía, la cual conforma todo lo que nos rodea, incluido nosotros mismos. Cada vez son mayores las investigaciones científicas de todo el mundo que lo confirman una y otra vez. Por lo tanto, cada persona que ves a tu alrededor también emana su propia energía, la cual se entrelaza con la tuya, aunque no lo veas, pero muchas veces sí que la puedes percibir. Lo que quiero que te des cuenta con ello es que si logramos, con intención, apreciarnos a nosotros mismos, también podremos apreciar a los demás desde el amor, ya que en definitiva somos todos uno. Cuando tu hijo te ve siendo compasiva en un momento determinado, con respecto a otras personas que no te lo han puesto fácil, percibe tu forma de actuar con compasión para poder seguir adelante y no afectando tu estado energético, evitando bajadas de vibración. Ser conscientes de cómo proteger nuestra energía es maravilloso, ya que entrenamos nuestra autopercepción para darnos cuenta de nuestro estado emocional y poder reconducirlo.

Ejercicio

Hoy vamos a ponernos, de forma imaginaria, en los zapatos de otra persona. La persona que elegiremos mentalmente para hacer este ejercicio no será precisamente la que nos cae mejor, sino todo lo contrario. Seleccionaremos a alguien con quien no nos llevemos tan bien, o pensamos que no nos llevamos bien. Esa persona, evidentemente, no tiene por qué saberlo. Este es un ejercicio que haremos desde nuestra mentalidad y emoción.

Y hazte las mismas preguntas:

¿Cómo habrá sido la infancia de esa persona para que actúe de la forma que actúa hoy?

¿Piensas que ha tenido una experiencia bonita o no tanto, cuando era niña o niño?

Esa persona que no es la más amable del mundo está experimentando desafíos y retos en su propia vida, y si no tiene las herramientas emocionales necesarias para gestionarlas, puede que actúe de forma desagradable o no tan acertada.

Agradecemos lo afortunados que somos de abrirnos en consciencia y podernos dar cuenta de que nuestras actitudes nos llevan hacia donde estamos hoy; al darnos cuenta, tenemos el poder de nuestras propias vidas para diseñarlas y manifestar en la realidad lo que verdaderamente anhelamos desde nuestra esencia.

Frase

La compasión te permite liberar el sufrimiento.

Afirmación

Cuando soy compasiva, actúa el amor que hay en mí, atrayendo más bienestar a mi vida.

14. Cómo motivar a tu hijo a solucionar sus propios problemas

Primeramente hay que partir del concepto de la propia responsabilidad, pero ¿cómo hacer para que nuestros hijos sean capaces de ser responsables?

Ser totalmente responsables de nosotros mismos y de nuestros problemas, situaciones y experiencias suma muchísimo a nuestras vidas, porque si lo hacemos, nunca los demás ni el exterior serán responsables. Déjame decirte que todo lo que nos ocurre hoy, aquí y ahora, es fruto de nuestro propio sentir y hacer; no hay ningún otro responsable, ni tampoco en el exterior. Todo parte de nosotros mismos. Cuando despertamos nuestra consciencia en este sentido, somos capaces de dirigir y diseñar nuestras vidas; así tendremos mayor capacidad de solucionar los problemas que se nos presenten y trascenderlos con éxito. Cuando los traspasas, adquieres resiliencia, adaptándote a cambios y preparándote para experiencias futuras de una mejor forma.

Continuaremos aprendiendo hasta el último segundo de nuestras vidas. Y esta es una de las mejores habilidades que le puedes regalar a tus hijos para que la incorporen a su vida.

Ejercicio

- ¿Qué diferentes enfoques le puedo dar a este problema que se me presenta ahora?
- ¿Qué percepción del problema prefiero poner en marcha?

- ¿Lo percibo desde el drama y desde la falta de salidas?

- ¿O lo abordo desde una perspectiva más calmada para ver qué puedo hacer con mayor claridad, y así surgirán soluciones más creativas?

- ¿Qué actitud adopto frente a los problemas?

- ¿Me derrumbo rápidamente?

- ¿O confío en mí y en mis herramientas emocionales que me guiarán a la salida y a ver la luz al final del túnel?

Todas estas preguntas te ayudarán a ti y a tus hijos a abordar los problemas de vida con una mejor disposición y con altas probabilidades de poder trascenderlos.

> **Frase**
>
> Enfrenta los problemas confiando en ti y en las herramientas que tienes.

> **Afirmación**
>
> Me comprometo a ser más amable conmigo misma.

15. Como ayudar a tu hijo a gestionar sus emociones

Esta es una gran oportunidad integradora para que tu hijo aprenda a reconocer sus emociones. Para ayudarle a enriquecer su inteligencia emocional partiremos desde la autoaceptación. El reconocimiento de las emociones nos proporciona la apertura hacia una gran ventana del auto-conocimiento, base fundamental en los seres humanos, el conocer mucho más quiénes somos. Así podremos crear una vida más feliz y plena. Descubriendo nuestras emociones; diferenciándolas y conociéndolas seremos adultos mucho más conscientes, capaces de vivir desde el amor para nosotros y para los demás.

Pero, ¿cómo lo haremos?

Dialogando sobre nuestros sentimientos. Normalmente, en las familias, hablar sobre nuestros sentimientos o expresarlos no es una costumbre habitual. Más bien todo lo contrario; hablar sobre las emociones y lo que sentimos se considera en muchas culturas un tema tabú. Esa represión de sentimientos no transmitidos crea afecciones de salud, desentendimientos y un sinfín de consecuencias no gratas, y todo por avergonzarnos de compartir lo que nos sucede o de trasmitir lo que sentimos. Pero a partir de hoy, vas a hacer que cambie todo esto poniendo en práctica este ejercicio.

Ejercicio

Crea un momento de distensión; con 15 minutos será suficiente.

Estando con tus hijos, haz que surja la idea de compartir lo que sentís ahora y de atreverse a compartirlo; empieza siempre por ti. Recuerda que estamos fomentando el sentido de "equipo" en la familia, y no el de jerarquía de padres perfectos. Acércales tus sentimientos; de esta forma ellos, cada vez más, se abrirán a compartir también los suyos. Ponlo en práctica con frecuencia, dales tiempo y verás lo que ocurre. Pronto será normal y habitual compartir vuestros sentimientos y emociones; eso afianzará al núcleo familiar y os enriquecerá emocionalmente.

Frase

Identificar tus emociones te otorga la habilidad para afrontar los retos de la vida.

Afirmación

Hoy me propongo centrarme solo en mis pensamientos positivos.

16. Cómo compartir el concepto de vibración con tu hijo

Las investigaciones confirman una y otra vez que lo que sentimos es sumamente importante a nivel vibratorio. Las emociones atraen a tu vida situaciones afines a lo que transmiten, según sean esas emociones, unas situaciones más amables u otras menos. Las emociones más potentes de la vida que llevan consigo frecuencias más altas de vibración son el amor, la gratitud y la alegría. Por lo tanto si consigues vivir en el presente el mayor tiempo con ellas, tu realidad será más positiva, placentera y agradable. Si en tu vida dejas que se instalen las emociones negativas como el odio, la ira, la crítica y el juicio, entre otras, atraerás realidades desesperantes a tu vida actual. Debido a que somos energía y que tu estado vibratorio atrae lo que eres y sientes en el presente, es fundamental que seas consciente en qué frecuencia estas vibrando actualmente.

¿Te rodeas más de las emociones de alta vibración positivas o de las de baja vibración negativas? Nosotros creamos nuestro campo de energía con nuestras emociones; según cuáles sean, atraes a tu vida situaciones más favorables o menos. Es importante que cuides tus emociones, sin importar lo ocupada que estés. Si no tienes tiempo para mejorar tu vida, no tienes vida. No la desperdicies.

¿Cómo puedes incorporar el concepto de alta vibración a tu vida y a la de tus hijos?

Ejercicio

- Incorpora a tu día, como mínimo, un momento de disfrute. A medida que vayas incorporando más momentos de disfrute a tu vida, verás que se irán equilibrando todas sus áreas.

- Cuando se te presente un desafío, un reto, te atormente el miedo, el dolor, o te invada cualquier tipo de emoción de baja vibración, puedes cambiarla tomando acción con las siguientes opciones:

— Sal a caminar por unos minutos, oxigénate, contempla la naturaleza, los animales... Al conectarte con ello, reconectas contigo misma, ya que la naturaleza nos enseña por sí misma. Te recomiendo que la contemples, porque de ella puedes extraer tus más grandes aprendizajes.

— Escucha música que te levante el ánimo, pero ten en cuenta que no tenga letras deprimentes.

— Ríete sin motivo, por unos minutos, aunque no tengas ganas. La risa eleva la vibración de una forma extraordinaria. Te permite romper rápidamente ese patrón negativo en una espiral descendente. ¡Compruébalo!

- Valora tu respiración y la fortuna de poder hacerlo. Es un milagro, literalmente.

- Toma el mando de tu nave, eres tú quién decide cómo quiere sentirse frente a la experiencia que estés viviendo. Tú tienes el poder y nadie más. Solo es cuestión de decisión.

- Comparte con tus hijos todas estas alternativas que están hoy en tus manos para que las pongáis en práctica.

Frase

Sé consciente de que tu vibración es la llave a tus mejores realidades.

Afirmación

Me abro a recibir un caudal constante de abundancia global.

17. Cómo ayudar a tu hijo a gestionar sus propios miedos

Cuando te sientas abrumada por cualquier tipo de miedo, recurre al amor. O eliges el amor o escoges el temor. ¿Cuál prefieres qué este más presente en tu vida?

Cuando le das demasiado lugar al miedo estás dejando de confiar en ti misma. Cuando te amas y confías en ti, puedes tomar mejores decisiones desde el amor y escuchar a tu guía interior. Esto significa tener un profundo respeto por ti misma. Por eso es muy importante la forma en la que abordamos el miedo.

Te compartiré algunos ejercicios para que aprendas a trascender tus miedos, a respetarlos, pero que no controlen tu vida paralizándote y bloqueándote. La decisión perfecta no existe. Siempre hay un resultado para cada momento determinado de tu vida. Una vez que pasa, te das cuenta que ha servido para que evoluciones y estés donde estás hoy.

Aquí y ahora tienes la oportunidad de liberarte de tus miedos. Debes dar un paso al lado y observarte para poder cambiar tu actitud frente al miedo. El miedo es una ilusión que crea el ego para protegernos (más adelante te hablaré sobre el ego). El amor es lo real.

Ejercicio

Formúlate las siguientes preguntas:

- ¿Qué pensamientos me producen miedo?

- ¿Desde cuándo tengo el hábito de tener miedo en determinadas situaciones?

- ¿Cómo afecta el miedo a la forma que tengo de comportarme?

Una vez que respondas a estas preguntas por la intención en elegir el amor en vez del miedo; suéltalo, que el amor se apodere de ti, siéntelo. Toma unas respiraciones profundas y visualiza que respiras amor puro, como si fuera el oxígeno que te mantiene viva por unos minutos.

Cuando le quitas el poder al miedo, vuelves a conectar con el verdadero amor, que eres en tu estado esencial.

Comparte este ejercicio con tus hijos y verás lo que sucede...

> **Frase**
>
> Tú eres infinitamente más grande que tus propios miedos.

> **Afirmación**
>
> Me permito dejar el miedo atrás, lo único que hay en mi realidad es el amor.

18. Cómo fomentar emociones positivas en tu hijo

Nuestra mente trabaja con imágenes. Por lo tanto, todo en lo que nos concentramos y enfocamos a lo largo del tiempo, termina por suceder en este plano físico en el cual vivimos. Es importante aprender a enfocarnos en lo que sí queremos y prestar atención a nuestro lenguaje.

¿El lenguaje verbal que utilizas en tu día a día es mayormente positivo o negativo?

Si detectas que utilizas demasiados términos negativos en tus palabras cotidianas, no es tu culpa, sino que lo llevas tan incorporado que se ha hecho un hábito en tu forma de hablar. Pero ese gesto tan inocente cambia radicalmente tu realidad.

Pero, ¿cómo cambiar ese lenguaje negativo tan arraigado en nosotros, que ha pasado de generación en generación sin percatarnos de ello?

Nuestras palabras emiten una determinada vibración y atraen más de lo mismo. Las leyes universales funcionan de esta forma, y ellas te acercan lo que sentencias aunque no sea tu intención. Si te enfocas todo el tiempo en lo que está mal o en tus problemas, verás llegar a tu vida más de lo mismo.

Ejercicio

Haz un juego con tus hijos, colaborando entre vosotros y creando en conjunto un listado de palabras positivas.

Como mínimo cada uno debe aportar diez palabras positivas. Una vez que las tengáis debéis comprometeros a utilizarlas a lo largo del día. Solo se pueden utilizar frases con esas palabras.

Las primeras veces es un desafío, pero luego os resultará divertido y finalmente incorporareis más palabras positivas que negativas a vuestro vocabulario, lo que os facilitará reacondicionar vuestra estructura mental para reaccionar en forma más positiva y armoniosa.

> **Frase**
>
> Las palabras que utilizas habitualmente dicen mucho de cuán plena es tu vida.

> **Afirmación**
>
> Creo en mis dones y talentos.

19. Cómo trabajar con tu hijo el merecimiento

Muchas veces, inconscientemente, actuamos de una forma que no admite el merecimiento. El no merecimiento a menudo proviene de hechos que han sucedido en nuestra infancia y de creencias limitantes adquiridas a lo largo de nuestra vida. Por más que pensemos que sí queremos merecernos buenas cosas, en la mayoría de los casos subyace una creencia de no merecimiento que debemos trabajar de inmediato.

El no merecimiento puede crearse a partir de situaciones vividas desde pequeños, como te decía, como opiniones negativas de terceros hacia nosotros, creencias restrictivas en nuestro entorno o bien por prejuicios de la sociedad con la que hemos estado en contacto.

Por eso es primordial que prestes atención al lenguaje y a las acciones que utilizas para hablar con tus hijos, ya que puede afectar a su concepto de merecimiento.

Ejercicio

Haz un juego con tus hijos en el que tenéis que responder cada uno de vosotros a estas preguntas:

- ¿Te sientes merecedor de todo lo bueno?
- ¿Estás abierto a recibir todo lo bueno que nos ofrece el mundo?
- ¿Qué es todo lo bueno que te mereces? (Aquí debéis hacer un gran listado, sin limitaciones mentales) ¡Divertíos con ello!

Te mereces lo mejor, porque eres un ser ilimitado que cada vez se conoce más a sí mismo y conecta con su verdad, su esencia poderosa e infinita.

Frase

Abrirnos al merecimiento positivo nos permite ser prósperas.

Afirmación

Creo en mis dones y talentos.

20. Cómo acompañar a tu hijo en la búsqueda de su propósito y pasión

No hay nada más gratificante para un ser humano que tener la oportunidad de descubrir poco a poco para qué ha venido a este mundo e ir descubriendo su propósito de vida.

Sabemos que cada minuto de nuestra vida es aprendizaje. Somos mucho más que un cuerpo físico, hay una parte mucho más profunda de cada ser y esa es el alma y debemos conocerla realmente.

Es importante que aprendamos desde pequeños a escucharnos, a descubrir qué es lo que realmente queremos, y este autoconocimiento interior nos va a permitir conectar con nuestra alma. De allí iremos conociendo nuestra misión y propósito en esta existencia. Es abrirse a ver más allá de lo evidente.

Estar en silencio, meditar, estar a gusto con nosotros mismos, ser creativos, nos permite conectar con esa parte que no estamos acostumbrados a escuchar. Hemos venido a este mundo a autoconocernos y a conectar de nuevo con nuestra esencia para recordar quiénes somos y cómo hemos venido a contribuir a través de nuestro propósito. Tu contribución al mundo no se puede sustituir por ninguna otra, ni nadie la puede reemplazar por ti; recuerda que eres parte esencial de este puzle universal. Puedes haber nacido para ayudar a otros o puedes haber nacido para impregnar con tu esencia y sabiduría en determinado campo o área de la vida, u otra infinidad de opciones. Todos los propósitos son valiosísimos y únicos para cada uno de nosotros.

Compartir este conocimiento del funcionamiento de la vida con tus hijos desde otra perspectiva mucho más profunda de la que nos marca la sociedad actual, es una bendición. No es comprar las ideas que están allí afuera, sino que se trata de aprender a escucharnos a nosotros mismos.

Si no sabemos conectar con nosotros y escucharnos, ¿cómo vamos a conectar con los demás?

El ajetreo del mundo nos ha llevado a dedicar nuestro tiempo a apagar fuegos diarios y se nos ha olvidado dedicarle tiempo a lo más valioso, nuestra alma. Lamentablemente, muchos pasan por la vida sin darse cuenta de estas cosas y viven una vida sin significado. No compartir lo que hemos venido a ser y hacer en esta vida es desperdiciar nuestra experiencia en el aquí y en el ahora.

Esta es una herramienta valiosísima para que incorporemos desde pequeños y entendamos el valor de nuestra búsqueda interior y la importancia del autoconocimiento.

Tienes dones, talentos, virtudes y cualidades únicas, y naciste para utilizarlas y para aportarlas al mundo.

Ejercicio

Busca un momento de distensión para jugar con tus hijos a este juego:

- Cada uno tenéis que contestar a las siguientes preguntas para luego compartirlas entre vosotros.

- ¿Cuándo siento que me divierto más?
- ¿Qué es lo que te produce más felicidad? ¿Cuándo estás haciendo qué cosa?
- ¿Qué estás haciendo cuando sientes que el tiempo se ha pasado volando?
- ¿Qué se te da muy bien hacer fácilmente?
- ¿Qué siento que me apasiona hacer y estaría con ello todo el tiempo si pudiera?
- ¿Qué es lo que me produce más alegría?
- ¿Para qué sientes que estás más capacitado?
- ¿Qué cambiarías en el mundo si pudieras? Cuando te vas conociendo mejor, vas teniendo claridad de tu objetivo en el mundo, vas descubriendo tus dones para vivir de ellos y a su vez, construyes una sociedad mejor.

Cuando tienes claridad diriges tu vida a vivir de lo que realmente amas, y cuando sirves al mundo, él mismo te retribuye tanto a nivel económico para sustentarte, como a nivel espiritual (alimentas a tu ser y no dejas que se marchite tu esencia).

¡Verás cómo esta dinámica en forma de juego aportará luz, tanto a ti como a tus hijos!

Frase

Cuando te detienes a observar tu esencia ocurre la magia.

Afirmación

Soy valiente y capaz de enfrentarme a lo desconocido.

21. Cómo potenciar la visualización en tu hijo

Nuestro inconsciente no sabe diferenciar entre una experiencia real y otra imaginada. La frecuencia vibratoria que emanes al pensar, sentir y visualizar en determinada imagen es lo que atraes a tu vida; como consecuencia, verás manifestado algo similar en tu realidad actual.

Es ideal que desde pequeños conservemos esa capacidad de imaginación innata que llevamos dentro, pero a menudo, conforme vamos haciéndonos adultos, la vamos perdiendo.

Ahora sí tienes la oportunidad de volver a esa imaginación y además de aprender a dirigirla. Las palabras e imágenes hermosas determinan tu futuro. Crean la correspondencia vibratoria de lo que atraerás para crear tu propia vida. Esta es una poderosa herramienta que ayuda a los niños a enfrentarse a sus conflictos internos que se les presentan en su día a día.

Hoy aprenderán a comprender la grandiosa idea de que son ellos quienes deben tener el control de sus pensamientos y de sus palabras, y ser quienes llevan las riendas de sus vidas.

Ejercicio

Una tarde o día del fin de semana, tómate una hora para estar con tus hijos y experimentar una aventura original y diferente.

Vais a crear vuestro "Libro personal de tesoros visuales".

Tú vas a hacer el tuyo y tus hijos el de ellos.

¿En qué consiste?

Este es un libro distinto a los demás, porque serás su propio autor y este será tu guía de ahora en adelante.

Vais a tomar una libreta con hojas en blanco y vais a ir pegando en ellas imágenes de recortes de revistas o que imprimáis de internet, que representen claramente el futuro que deseáis crear. ¡Divertíos!

Podéis agregar fotografías, frases motivadoras... Lo que importa es ser creativos y que esa composición de imágenes sean representativas de ese sueño o anhelo que queréis cumplir cada uno de vosotros.

Una vez que esté hecho, debéis tener cerca vuestro "Libro personal de tesoros visuales" para que tanto al despertar como antes de iros a dormir podáis contemplarlo. Esto provocará inspiración en ti y generará una emoción alineada con tu sueño, la cual vibra en esa misma frecuencia y, con el paso del tiempo, verás esas manifestaciones en tu realidad diaria.

Este ejercicio es transformador; lo he visto una y otra vez en mi consulta privada, tanto en niños como en padres.

¡Saborea esta experiencia, porque es única! Recuerda que no necesitas hacer grandes cosas para cambiar o mejorar tu vida...

Frase

Recuerda que no dependes del exterior porque todo ya está en ti.

Afirmación

Yo soy responsable de mis acciones y de mi vida.

22. Cómo acompañar a tus hijos a que cumplan sus sueños

Un dato significativo que debes considerar para tu vida es que tus hijos tienen sus propios sueños, y que esos sueños no son los mismos que los tuyos. Este es un punto delicado que trataremos en profundidad más adelante en esta guía.

Es diferente aprender a acompañarlos en sus sueños que proyectar nuestros deseos no cumplidos en ellos. Puede que lo estés haciendo sin darte cuenta. Por eso es importante hacernos consciente de ello, y si es así modificarlo, ya que no le estamos haciendo ningún favor a nuestros hijos.

Lo que sí puedes hacer es inspirarlo a que tome decisiones enfocadas a cumplir esos sueños maravillosos que ha plasmado en su "Libro personal de tesoros visuales" que hemos hecho anteriormente.

¿Y cómo puedes hacerlo? Comenzando por ti, donde él te vea tomando decisiones a favor de esos sueños que quieres cumplir. ¡Sabes que una imagen vale más que mil palabras!

Cuando hablo de estas decisiones me refiero a comenzar a actuar de modo que nos acerque a ese sueño o anhelo de nuestra alma. Que nuestros actos y lo que decimos vayan en la misma dirección, siendo coherentes con nosotros mismos y siéndole fiel a nuestro sueño.

Ejercicio

Cada día pregúntate qué vas a hacer hoy de modo distinto para acercarte más a tus anhelos.

Vas a ejecutar en el día, al menos, una acción que te acerque más a tu objetivo.

Normalmente pensamos que para hacer verdaderos cambios en nuestras vidas y transformarla para bien, necesitamos hacer grandes acciones. Pero la realidad, es que veremos cambios significativos sumando pequeñas acciones diarias que nos lleven a ello. El gran cambio en tu vida es la suma de pequeñas acciones ejecutadas cada día.

¿Te cuento un secreto? A medida que te vayas alineando con tus sueños, aplicando estas acciones, verás que surgirán acciones más creativas, que al principio nunca se te habían ocurrido. Irás atrayendo situaciones y personas más alineadas con tu objetivo. Mientras mantengas tu corazón abierto y despierto, irán apareciendo grandes oportunidades en tu camino.

Haz una lista de acciones lógicas que necesitas para comenzar a ejecutar tu plan y comienza por dar el primer paso hoy, cumpliendo con la primera acción. Esa lista puede ser modificable a medida que va pasando el tiempo y se presentan situaciones más acordes, creativas e intuitivas.

Comparte este ejercicio con tu hijo. ¡Todo es comenzar!

Da el primer paso confiando en ti y verás lo que sucede.

85

Alcanzo mis metas con claridad y consistencia.

23. Cómo ayudar a tu hijo a que se libere del enfado

No es malo enfadarnos, aunque a medida que aprendemos a estar más alineados con quien verdaderamente somos y nuestra vida es más plena, el enojo y el enfado se debilitan, somos más abiertos a darnos cuenta de ello para aplicar nuestras herramientas y hacer una mejor gestión emocional.

A nadie nos gusta estar enfadados, pero ocurre.

No pasa nada que nos ocurra, pero sí debemos hacernos responsables de ello. Y es una herramienta interesante para aplicar desde pequeños el saberlo gestionar.

El enojo es una emoción natural, pero la cultura de la cual venimos nos ha transmitido que no está bien visto estar enfadado y que no es aceptable.

¿Qué ocurre como consecuencia de ello? Que nos acostumbramos a contener en nosotros nuestros sentimientos coléricos, y si no los gestionamos correctamente se convierten en resentimiento y repercuten en nuestra salud.

Por eso hablar de nuestras emociones es un hecho muy interesante que nos ayuda a vivir más plenamente.

¿De qué forma le podemos ayudar a nuestros niños para que pueden expresar su enfado?

Ejercicio

Si el enfado es tan grande y no se puede expresar dialogando, comentando nuestro sentir o incomodidad, podemos utilizar estas alternativas:

- Tomar una almohada y descargar nuestro sentir frente a ella.
- Hacer un deporte que nos guste descargando toda esa energía en ello.
- Diciendo a nuestra mente: ¡stop!, ¡cambia!

Tener en cuenta estas alternativas más creativas para liberarnos del enfado, nos permite no acumular resentimiento en nosotros ni que ese sentimiento viva reprimido en ti.

Esta herramienta será de gran utilidad para ti y tus hijos, para liberaros de basura emocional y dar lugar al amor y a la plenitud.

Frase

Reconocer tus emociones te permite actuar de una forma más coherente contigo misma.

Afirmación

Me doy permiso para expresar mi enfado de una forma adecuada.

24. Cómo ayudar a tu hijo a dominar las críticas y los juicios

Es muy común en las personas tener arraigado el hábito de criticar y juzgar, incluso el criticarnos y juzgarnos a nosotros mismos.

Cuando somos pequeños todo es asombro y aceptamos las cosas tal cual son , abiertos a la aventura de descubrir pero, conforme crecemos, vamos aceptando las opiniones ajenas y aprendemos a criticar. En muchos ámbitos es habitual el juzgar o el resaltar los errores en vez de las virtudes de cada uno.

Las críticas no hacen aflorar lo bueno en cada uno de nosotros, nos infunden dudas y nos empujan a seguir determinados "cánones" sociales sin tener en cuenta lo que verdaderamente queremos. Muchas veces, como consecuencia de esto, terminamos haciendo cosas con las que no estamos de acuerdo o no resuenan con nosotros, por solo el hecho de no ser criticados ni juzgados.

Recuerda que muchas veces nosotros somos los peores críticos y jueces de nosotros mismos.

Aquí entra en juego el aceptarnos a nosotros mismos; todas llevamos una niña interior y ella necesita de nuestro amor, aprobación y cariño.

Si a los niños constantemente les estamos remarcando lo que están haciendo mal, piensan que todo lo bueno que hacen y hay en ellos no les sirve para nada.

Es crucial que prestemos atención en las palabras que utilizamos para hablar con ellos.

La crítica y el juicio emiten una de las vibraciones más bajas de energía. Sin darnos cuenta les damos lugar en nuestro día a día, haciendo que las emociones que experimentamos sean de menor calidad y caigan en picado.

Ejercicio

Tus hijos y tú vais a jugar de la siguiente forma:

Tened a mano una libreta para apuntar cuando detectáis que unos u otros decís alguna crítica o emitís algún juicio hacia otra persona. Sé que vais a ser valientes y lo vais a apuntar (durante toda una semana).

Al final de la semana revisad la lista de todas las críticas que han surgido. Esto os hará ser conscientes de la cantidad de crítica que origináis y os hará tomar consciencia de ello.

¡Ocurrirá algo extraordinario! Cuando esa lista disminuya de críticas mucha gente dejará de juzgarte, incluido tú.

Frase

La crítica nos debilita el alma.

Afirmación

Me libero de la crítica hacia mí misma y hacia los demás.

25. Cómo ayudar a tu hijo a gestionar el estrés

En el mundo de hoy es muy fácil que adultos y niños estemos estresados. Los adultos porque queremos sacarle a las 24 horas del día 48; por otro lado los niños, al terminar el colegio, tienen diversidad e infinidad de actividades escolares, sumadas a las tareas del cole. En definitiva, nunca tenemos tiempo para nosotros, para desconectar, para reconectar con quienes somos, en medio de la vorágine diaria.

¿Pero cómo podemos gestionar esto?

Primeramente, siendo más coherentes con lo que deseamos, sentimos, decimos y hacemos. Me explico: si nuestro deseo es vivir más tranquilos y relajados, debemos incorporar poco a poco a nuestras vidas acciones que nos lleven a ello. No te pido que lo hagas de una forma radical, pero sí que cada día te acuerdes de tu bienestar emocional y físico. No nos sirve de nada querer estar más relajados y luego sobrecargamos de situaciones y experiencias que no contribuyen a ello.

Con respecto a los niños, es importante que aprendan a reconocer el estrés, ya que se puede manifestar de muchas maneras (estar malhumorado, susceptible, con dolores de cabeza o estómago, entre otras cosas). Es necesario que cuando sientan la presencia del agobio y el estrés, tomen la acción de tomarse un tiempo para relajarse, dándole más lugar a procesar lo que piensan y sienten; es muy importante para su salud.

¿Me vas siguiendo hasta aquí? Aplica al menos 5 minutos de tus 24 horas diarias a desconectar del mundo para reconectar contigo...

Ejercicio

Aunque te parezca extraño, la risa nos relaja y nos ayuda a liberar tensiones. Por eso te propongo que rompas tu rutina y la de tus hijos introduciendo un "bocadillo" en el día de una sesión de risas ¡Sí, así como me lees! Por ejemplo: antes de ir a las actividades extraescolares (por cierto, si ves que no le hace feliz alguna de esas actividades, evalúa en quitarla o reemplazarla por alguna otra que le apasione) sorpréndelo con una sesión de cosquillas y risas. No necesitas más de 5 minutos, esto cambia el ambiente y el patrón mecánico de cada día. ¡Verás lo que sucede!

También podéis hacer una sesión de respiración. ¿Sabías que conforme crecemos nos vamos olvidando de cómo respirar correctamente?

Respirar de la forma correcta nos beneficia de una forma incalculable.

Estando de pie, con las piernas ligeramente separadas y los brazos a los lados, comenzad a inhalar levantando los brazos hasta formar una T, para luego expulsar el aire bajando los brazos a su estado natural a ambos lados del cuerpo. A medida que lo repitáis varias veces, solo os concentrareis en ello, lo que permitirá relajaros y reconectar con vosotros mismos.

Para complementar todas estas dinámicas tienes una meditación de regalo, hecha especialmente para ti, para que liberes el estrés accediendo a mi página *web:* www.grandiosasconpower.com

Frase

Que nunca se te olvide lo valiosa que eres.

Afirmación

Libero el juicio sobre mí, me acepto tal cual soy.

26. Cómo ayudar a tu hijo a gestionar el dolor

Como padres, nos es insoportable ver a un hijo sufrir. Y muchas veces, para mitigar ese dolor, actuamos de formas que no ayudan en nada a lo que está viviendo nuestro hijo.

Los niños, de forma natural, trascienden el dolor más fácilmente, ya que no se queda —en la mayoría de los casos— enquistado en ellos. Los mayores somos los que, inconscientemente, no contribuimos de una forma ideal para acompañarles en el proceso de ese dolor.

¿Pero cómo les podemos ayudar en estos casos?

Ejercicio

Lo puedes ayudar dejando que experimente esa emoción dolorosa, que la reconozca y que le dé el tiempo natural para que transcurra, la procese y finalmente, la trascienda. Que la acepte, la naturalice. Saber e incorporar el reconocimiento de lo que sentimos es una gran herramienta.

Cuando transcurra el dolor, fomenta —sin forzarle— conversaciones para reflexionar sobre lo que le ha ocurrido —si le apetece— de una forma distendida, y condúcelo a sacar un aprendizaje de lo que ha vivido. Una vez que haya pasado todo el proceso doloroso, refuérzale lo positivo para la vida que es trascender este tipo de experiencias, para tomarlo como herramienta de crecimiento y evolución personal.

27. Cómo ayudar a tu hijo a superar una separación

La separación de los padres puede llegar a ser emocionalmente problemática para los niños. En la mayoría de los casos se sienten culpables de este desenlace. En este libro es imposible abarcar con más profundidad este tema, pero te daré unas pautas para que las tengas en cuenta si estás pasando por esta situación con tus hijos.

La prioridad la tiene la comunicación, el diálogo constante. Recuerda las herramientas que hemos visto, propiciar el momento para expresar lo que sentimos para poder gestionarnos emocionalmente junto con ellos. Así que es muy favorable hablar del tema en un momento distendido a solas.

El *feedback* y el compartir esos sentimientos que afloren entre ambos reforzarán vuestra relación en estos momentos tan complicados.

Habitualmente les surge el miedo acerca de qué sucederá después, les invade la incertidumbre. Les surgirán muchas preguntas. Permíteles que te las hagan. No es necesario que des demasiados detalles para no abrumarlos, pero sí lo suficiente para que puedas percibir y entender su sentimiento. Para transmitirles seguridad te comparto la siguiente acción.

Ejercicio

Transmítele que todos estáis transitando por este momento, que no están solos.

Para suavizar su agobio por los hechos, hazle las siguientes preguntas:

- ¿Cómo podrías sentirte menos preocupado?
- ¿Qué apoyo te gustaría tener de mí?
- ¿Qué te permitiría estar más tranquilo?

En todo momento demuéstrale tu seguridad, claridad y transmítele como base de todo el amor por ti misma, por él y el amor por todos los integrantes de ese hogar.

Contéstale siempre en un lenguaje que te entienda y no tenga dudas. Esta es una pequeña pincelada, pero son herramientas efectivas para aplicar en esta situación tan importante en la vida de una familia.

> **Frase**
>
> El compartir tus sentimientos con tus hijos le da estructura a tu vida.

> **Afirmación**
>
> Reconozco el amor y la valentía que hay en mí.

28. Cómo tu hijo te enseña a ser feliz

Los niños aceptan la vida tal cual es, e innatamente buscan, irrefrenablemente, la forma de divertirse. No tienen prejuicios, les encanta chapotear en un charco de agua, embarrarse, mojarse con la lluvia… Para ellos es puro gozo y diversión. Si están en contacto con la naturaleza, inmediatamente se inventan un juego con piedras o ramas que han recogido, por ejemplo. Hasta los 6 años, aproximadamente, para ellos es todo maravilloso y viven cada momento con alegría y plenitud por el solo hecho de ser ellos mismos. Conforme vamos creciendo, vamos minando y cubriendo con capas de creencias, nuestro verdadero ser.

De esta forma tu hijo te enseña a ser feliz, porque no etiqueta cada situación ni experiencia; simplemente es (recuerda que una de las herramientas anteriores que te he compartido era la de "Vivir desde la simpleza").

Ellos son nuestros guías, si los observamos realmente.

Te doy mi enhorabuena por estar aquí y evitar que tu hijo pierda la identidad de su ser esencial. Es el mejor regalo que le darás al hacerte consciente de ello.

Ejercicio

Obsérvalos, disfruta y percibe cómo enfrentan su día a día.

Déjalos ser sin los condicionantes de "haz esto o lo otro", "ven aquí o ve allá". Muchas veces queremos protegerlos tanto que los anulamos como personas con el pasar del tiempo, y finalmente terminan siendo adultos que no saben quiénes son realmente, y su brillo se opaca...

Déjales el espacio para que sean ellos mismos.

Te propongo que hagas un viaje hacia tu interior recordando qué momentos te hacían sentir feliz cuando eras pequeña. Verás que en la mayoría de los casos, lo que te provocaba felicidad eran hechos muy simples pero grandiosos.

Más adelante te contaré cómo puedes escucharte mejor a ti misma, dejando de lado tu papel de madre, reconociendo tu verdadera esencia... (Porque antes de ser madre, eres un ser esencial).

> **Frase**
>
> Los hijos son quienes, con sus acciones, nos invitan a mirar hacia nuestro interior.

> **Afirmación**
>
> Me permito ser libre, siendo tal cual soy.

29. Cómo ayudar a tu hijo a vivir el presente

En la sociedad actual, llena de prisas, donde el tiempo es escaso, se vive desde la ansiedad y el agobio. Es la consecuencia de no vivir en el presente.

¿Pero qué es esto que tanto oímos de "vivir el presente"?

Es la consciencia del momento presente. Es cuando puedes reconocer quién eres, y esta calidad de consciencia determina la calidad de tu vida. Es mucho más importante de lo que te imaginas.

El vivir el momento presente te permite ver y sentir la plenitud de cada momento, y desde este momento es donde se pueden trascender hasta las situaciones más extremas, porque quien le da el significado eres tú con tu percepción. Por eso, dos personas pueden vivir la misma situación de una forma totalmente diferente. El lograr estar presente te confiere calma, no requiere esfuerzo porque simplemente "estás".

Aunque nunca nos han enseñado a fomentarlo, este es nuestro estado natural. No requiere de concentración, y para acceder a este estado solo debemos darnos cuenta de las actividades mentales que nos distraen, y volver a nuestro centro. Una vez más, entrenar el "darnos cuenta" nos llena de beneficios.

Ejercicio

Experimenta más conscientemente este estado con tus hijos.

Sentaos cómodamente e imaginad que todo va y viene, nuestras ideas, nuestros pensamientos, nuestras opiniones... pero lo que siempre permanece en el presente somos nosotros mismos como ser integral. Todo cambia, pero nuestra esencia permanece siempre intacta. Los momentos cambian pero el estar presente permite que contactemos con nuestro ser.

Esta es una gran herramienta para conectarnos con nuestro interior que es lo que somos realmente.

Frase

Si aprendes a mirarte bien, verás que el mundo vive en ti.

Afirmación

Siempre escucho mi sabiduría interior.

30. Cómo experimentar mayores momentos de felicidad con tus hijos

Aunque te suene raro, la felicidad es nuestro estado natural, si sabemos elevar nuestra consciencia con respecto a ello. La magia está en el significado que le damos a todo lo que vivimos en nuestra experiencia de vida y todo comienza por tu decisión.

A esta decisión yo la llamo "decisión de vida", y es cuando no caes en manos del ego (te hablaré más adelante sobre él y cómo nos puede afectar si no entendemos cómo funciona). Es cuando llegas a percibir la grandeza de la naturaleza o el significado de un grano de arena y te abres a ver que todo está conectado y no hay separación. Cuando vas evolucionando en esta línea, tus momentos de felicidad se multiplican hasta ser infinitos.

Recuerda que el estado de dicha es un derecho que te pertenece por ser quien eres.

Ejercicio

Cierra los ojos e imagina que tienes puestas unas gafas doradas que no solo te permiten ver todo lo que quieras, sino que también te permiten sentir tranquilidad, felicidad y paz todo el tiempo que las llevas puestas.

Imagina por unos minutos algo que te transmita plenitud, alegría y disfrute. Disfruta de ese momento, enfócate en lo que te hace sentir. Tu intención es el ingrediente fundamental para llevarte a ese momento pleno.

Una vez que terminéis este ejercicio, compartid vuestras experiencias, vuestras sensaciones, y reflexionad sobre lo extraordinario que acaba de suceder, sobre lo grandiosa que es nuestra imaginación cargada de intención cuando aprendemos a utilizarla de la mejor forma y de las sensaciones saludables que se producen en nuestro cuerpo. La mejor herramienta somos nosotros mismos.

Frase

El amor es la fuerza motivadora de nuestras vidas.

Afirmación

Estoy feliz de ser quien soy.

31. Cómo evitar transmitir a tu hijo las creencias de escasez

¿A través de qué lente estás viendo tu vida?

¿Te centras en lo escaso o en lo abundante?

Nuestros niños, cuando son pequeños, tienen puestas las gafas de la abundancia a tiempo completo. Se enfocan en la inmensidad de la naturaleza y todo lo que nos da.

Luego, conforme van creciendo, les vamos inculcando —sin darnos cuenta, en la mayoría de los casos— frases culturales como: "Tu crees en los peces de colores", "el dinero no crece de los árboles", "no hay suficiente para todos", "el gobierno de turno tiene la culpa" e infinidad de sentencias verbales parecidas. Todo ello rompe con su sintonía natural, denotando que todo depende del exterior y que somos víctimas de lo que nos sucede. Y este desempeño lo traspasamos de generación en generación hasta que hay alguien abierto en consciencia y decidido a cambiar esto que rompe el patrón, para frenar esa transmisión errónea a sus descendientes, y si estás leyendo esta guía, afortunadamente, esa persona eres tú. Reconozco tu valentía por querer mejores realidades para tu vida y la de tus hijos ¡Eres "Gran Diosa"!

Ya el hecho de darte cuenta es un gran logro.

La abundancia es un estado mental, sin contaminarse de opiniones ajenas. Por ejemplo, nuestros niños adquieren vergüenza porque alguien, seguramente sin intención, le ha dicho algo con respecto a su forma de ser que en ese momento lo ha dejado marcado. Pero ellos ya son abundantes por ser quienes son y es importante que adquieran la consciencia diaria de lo afortunados que son por ser quienes son y tú les puedes ayudar muchísimo con ello.

La base fundamental es la abundancia desde quienes somos, y todo lo material que acompañe eso para hacernos aún más felices es un accesorio. Pero la felicidad comienza por nosotros, y luego seremos creativos para ser responsables, para que de una forma creativa podamos disfrutar también de las bondades materiales de la vida desde nuestra esencia, ayudando a los demás, pero no al revés. Cuando lo hacemos de esta forma, el universo siempre nos retribuye.

¿Cómo contribuimos a tener mentalidades abundantes?

Tomando las situaciones tal cual son, naturalizándolas y no percibiéndolas como una catástrofe.

La escasez, en todos los sentidos, proviene por darle lugar a nuestros miedos. Todo depende del prisma con el que se vea. El miedo es una oportunidad para aceptar la situación, gestionarla con nuestras herramientas de vida (en esta guía tienes muchísimas) y que cuando se trasciende nos inunda de alegría y autorrealización, porque hemos aprendido de ello y nos permite evolucionar. Significa reconocer que el miedo está ahí pero me va a permitir crecer. Esta es la mentalidad de abundancia.

Ejercicio

Dinámica para encontrar la abundancia que hay en ti.

Este ejercicio es para ti y para tus hijos.

Cada uno va a escribir tres momentos que os hayan parecido desafiantes y que os hayan paralizado por el miedo.

Luego, con cada uno de esos momentos, pensad qué habéis aprendido de él y cómo os habéis sentido luego de haberlo superado y trascendido.

Compartidlo entre todos y reflexionad sobre ello en base a lo que has aprendido con esta herramienta.

La abundancia que vive en nosotros es la que nos permite afrontar incluso situaciones extremas, desde la grandeza que somos.

Frase

Nuestra verdadera abundancia es ver la capacidad que hay en nosotros para superar las experiencias que se nos presentan.

Afirmación

Reconozco mi abundancia interior para disfrutar de la abundancia exterior.

32. Cómo evitar que tu hijo sea dependiente

A veces las madres no vemos con claridad en qué momento debemos facilitarle autonomía a nuestros hijos.

Pero llega un momento de su infancia en el que es necesario que experimenten, se equivoquen, se caigan y vuelvan a levantarse.

De hecho, cuanto más independencia emocional experimenten, más factible es que regresen a nosotras para compartir sus experiencias confiando en nosotros.

Llega un momento en que, creyendo que hacen bien, muchas madres interfieren en el desarrollo de sus hijos.

¿Pero, cómo puedes hacerlo mejor?

Dándole su espacio, transmitiéndole que tienes confianza plena en sus capacidades para desenvolverse en la vida, que son fuertes para dar ciertos pasos solos.

Cuando tus hijos sienten que respetas sus espacios, estableces una conexión emocional muy fuerte y saludable con ellos.

Ejercicio

En ratos que estéis distendidos y con ganas de compartir experiencias, puedes hacerle las siguientes preguntas:

- ¿Qué momentos son los que te apetece estar solo?
- ¿En algún momento sientes que invado tu espacio?

Escúchalo, déjalo que se exprese, y cuando lo haga, compártele algún momento de tu infancia o adolescencia donde quizás te sentiste igual que él.

De esta forma creas mayor conexión y empatía.

¡Estarás creando momentos de riqueza comunicativa como nunca antes!

Frase

La grandeza que ves en los demás es la que vive en ti.

Afirmación

Acepto, valoro y disfruto mis momentos de grato silencio.

33. Cómo establecer límites saludables para el desarrollo personal de tu hijo

A veces podemos caer en el error de que por ser madres de crianza responsable, debemos permitirles a nuestros hijos hacer todo lo que quieran.

Los límites no son para nuestra conveniencia, sino que es importante dárselos como herramienta que desarrollará habilidades en nuestros hijos.

Cada familia debe establecer los suyos (hemos hablado de ello en herramientas anteriores). Ahora quiero que te hagas consciente de que hay límites que solo contribuyen al ego (del cual hablaremos más adelante) y otros límites más saludables que aportan al crecimiento personal de tu hijo.

Con estos límites saludables sí que debemos mantenernos firmes.¿Cómo puedes utilizarlos de una mejor forma?

Los hijos deben percibirnos como madres que hacemos respetar límites lógicos y naturales, y no que sean impuestos solo porque sí o porque nos es más cómodo. Recuerda la coherencia primero en nosotras mismas, para que luego a nuestros hijos les sirva de modelo. No es fácil, pero es la forma más efectiva para fomentar la armonía en el hogar.

Hablamos de las normas en herramientas anteriores, de establecerlas de una forma coherente y entre todos los integrantes de la familia. Por lo tanto, esas normas debemos cumplirlas todos con firmeza, y si no se cumplen habrá consecuencias naturales.

Cuando en nuestra familia logramos funcionar de esta forma, los castigos y premios ya no tienen sentido.

La previa negociación de las normas, entre todos, a través de la lógica y la reflexión, ayudará muchísimo a la armonía que reine en tu casa.

Marcando los límites pactados, con firmeza pero sin exasperarte, verás que se contribuirá a lograr un clima más armonioso y coherente.

Ejercicio

Cuando tu hijo, en algún momento, no quiera cumplir con las normas pautadas pregúntate a ti misma:

- ¿Qué mensaje me está dando con esa actitud?
- ¿Qué es lo que me está contando entre líneas?

Recuérdale que las normas de la casa se han puesto entre todos, incluido él. Ten en cuenta el tono y el momento en que entablas esta conversación (recuerda la herramienta que hemos visto para que mejores la comunicación con tu hijo).

Requiere de paciencia, energía y consistencia, pero verás que vale millones de veces la alegría del resultado.

Frase

La coherencia nos ayuda a alinearnos con nuestro ser natural.

Afirmación

Cuando vivo en coherencia sintonizo mejor conmigo y con el mundo que me rodea.

Si quieres profundizar aún más estas herramientas únete a mi curso on line "Conviérte en la Mejor Coach para tus Hijos" enviándome un *email* a:
grandiosasconpower@grandiosasconpower.com

Parte II

El funcionamiento de tu ser

Todo comienza por tu niña interior

Puede que como madres no seamos conscientes de que también llevamos una niña dentro, y que para saber cuidar de nuestros propios hijos primero debemos aprender a cuidar de nuestra niña interior olvidada.

Hay preguntas que te pueden ser incómodas al principio, pero realmente te ayudarán a crear un mejor vínculo entre tus hijos y tú. Reconocer nuestra niña interior e ir en su rescate por haberla olvidado durante tantos años nos va a llevar por la autopista del entendimiento con nuestros hijos. Al entender mejor cómo funcionamos nosotras mismas, podremos entenderlos más facílmente.

Tu comportamiento actual, cómo piensas, tus fortalezas, tus problemas, tu nivel de autoestima, los hábitos (buenos o malos), tus comportamientos negativos, se deben en gran parte a tu desarrollo en las distintas etapas de tu vida. Muchos de los comportamientos de autosabotaje o resistencias es muy probable que hayan surgido debido a esas experiencias que tuviste cuando eras niña, y que se continúan manifestando, ya que el niño interior sigue sintiéndose de la misma forma a como cuando estas situaciones parecidas se generaron en tu infancia.

De acuerdo a investigaciones científicas, muchos de los comportamientos destructivos que un adulto puede presentar, como la inseguridad, la codependencia, la búsqueda de caerle bien a la gente y el miedo al ser abandonado, proviene de ese niño interior que ha sido maltratado, desatendido y que no ha sido comprendido adecuadamente. Cuando hablo de maltrato no tiene por qué ser físico o dar por hecho que haya existido, pero es cómo lo ha percibido y el significado que le ha dado tu niña interior a ese momento en el que sucedió.

Esto hace que esta parte de ti, guardada en tu subconsciente, genere actitudes y comportamientos que no nacen de lo que vives en este momento, sino de situaciones parecidas a las que viviste cuando eras niña y que despiertan la misma forma de sentir de tu niña interior. Situaciones que la hacen sentir con miedo, sobre todo quiere evitar ser lastimada nuevamente.

Entonces puede hacer aflorar en tu vida adulta falta de autoconfianza, baja autoestima, necesidad de llamar la atención, sentirte víctima, necesidad de sentirte aceptada y valorada por los demás, fracasar en relaciones amorosas una y otra vez, falta de merecimiento, depresión, o simplemente sentir que algo no va bien, entre muchas otras situaciones.

¿Pero cómo puedes tomar cartas en el asunto y responsabilizarte para ejecutar cambios favorables en tu vida?

Cuánto aceptes y ames a tu niña interior está directamente relacionado con cuánto te aceptes y te ames actualmente y por lo mismo tus comportamientos, ideas y sentimientos irán cambiando.

Como adultos podemos regresar a esas memorias, traerlas a nuestro consciente y sanar esa parte escondida de ti misma, con lo que podrás sacar todas esas cualidades que un niño puede tener naturalmente. Cualidades como la creatividad, la espontaneidad, el amor, la confianza, la flexibilidad y la capacidad de maravillarte de la vida y las cosas que pasan en ella, como sentirte afortunada por vivir este presente.

Si bien aquí solo puedo dar unas pinceladas, ya que en mi consulta privada trabajamos con mayor profundidad el niño interior, te invito a que tanto tú como tus hijos hagáis el siguiente ejercicio:

- Cada uno va a buscar una foto de cuando era niño (si tus niños son pequeños toma una foto actual).
- Luego vais a tomar vuestra libreta y vais a escribir qué veis en ese niño que erais vosotros.

  — ¿Qué te dice esa imagen?

  — ¿Recuerdas qué sentías en esa foto?

- Después vais a hacer un dibujo de vosotros cuando erais niños con vuestra mano **no** dominante. Utiliza colores y diviértete haciéndolo, aunque lo tengas que hacer con la mano que no utilizas habitualmente.

Gracias a la mano no dominante podemos entrar en un espacio donde podemos sanar, desbloquear. Llegamos donde la razón y lógica no puede acceder.

Descubrir el poder de tu mano no dominante a través del dibujo y la escritura te lleva a conectar con tu niña interior.

Activamos los dos hemisferios del cerebro (derecho e izquierdo), produciéndose una mayor comunicación entre ellos.

Por último, mantén una conversación interior con tu niña. Hazle saber con tu intención que a partir de ahora vas a cuidar de ella para vivir la vida que os merecéis plenamente.

Tu perdón

Para darnos amor a nosotras mismas, en primera instancia debemos perdonarnos y dar este paso para evitar envenenarnos día tras día con los resentimientos. Liberarse de hechos que hemos vivido en circunstancias extremas es dar un paso hacia la paz interior. El perdón te permite desenquistar ese bloqueo al cual vuelves una y otra vez, con el fin de martirizarte por lo que has hecho o por lo que te han hecho. En el aquí y ahora tienes el poder de crear un gran cambio.

Para perdonar debemos deshacernos de nuestras creencias adquiridas, que quizás no sean nuestras, y a quien tenemos que perdonar es a alguien que se ha presentado para que evolucionemos en este plano.

Cuando logras perdonar, actuar con compasión a través del perdón, tu ser se eleva, y es desde allí donde adquieres tu aprendizaje de vida.

No necesitas perdonar personalmente a esa persona y tenerla presente. Solo debes hacerlo desde tu corazón.

Permítete perdonar, y ganarás años de tu vida saludables.

Ejercicio

Busca un lugar en el que estés tranquila y pregúntate a quién vas a perdonar. Respira profundamente aunque sientas resistencias, ya que es normal, y di: "Te perdono, y por ello me libero y corto todo lazo contigo".

Respétate en ese momento, utiliza el tiempo que necesites, pero hazlo. Te prometo que irás mucho más ligera de cargas por tu vida.

Por último, agradécete a ti misma por haber tenido la valentía de hacerlo y cuidar de ti misma.

Puedes hacerlo todas las veces que lo necesites y con quien lo necesites.

Y no olvides practicar el perdón contigo misma.

Tu mentalidad

Nuestra mente puede caer fácilmente en el miedo fomentado por nuestro ego.

Nuestro ego se hace fuerte a través de mantenernos en el miedo, el juicio, el victimismo, la crítica, la competición y la separación.

Si dirigimos nuestra mente al amor, todo ello se desvanece.

Una gran habilidad que podemos adquirir desde nuestra mentalidad es poner en práctica nuestra autoobservación de los temores, para darnos cuenta cómo actúan en nosotras. Presta atención a lo que tu mente elige de forma errónea, si se enfoca en pensamientos temerosos.

Ábrete a modificar hábitos destructivos que no te conducen a nada. Pon en práctica la autoobservación, tómate tu tiempo y escribe en qué miedo te enfocas constantemente. Cuando lo detectas y te das cuenta, puedes actuar para cambiarlo.

Elige soltar tus miedos, que no son reales, puesto que son un espejismo de tu realidad alimentado por tus creencias adquiridas.

Por último, agradece este proceso liberador y suelta toda creencia limitante.

Tu sistema de creencias

Para conectar con tus hijos debes revisar tu sistema de creencias y enfrentarte a tus propios miedos.

Nuestros miedos, inseguridades, cargas y sueños no cumplidos, hacen que inconscientemente recaigan en nuestros hijos. Tus hijos están aquí para autodescubrirse a lo largo del camino, y no han venido a cumplir los sueños de sus padres. Cuando dejes de proyectar sobre ellos verás que conectarás extraordinariamente con tus hijos, como nunca antes lo habías hecho. Ayúdales a que conserven su esencia y la potencien, y sean quienes han venido a ser. Libéralos de tus cargas.

La oportunidad que te das de revisar tus creencias, de cambiarlas y vivir una nueva realidad, es un regalo que la vida te entrega.

Uno de los mejores regalos que los padres les pueden dar a sus hijos es dejarle el paso para que crezcan sin interferencias.

Ejercicio

¿Estás proyectando tus creencias limitantes, sin darte cuenta, sobre tus hijos?

¿Vives desde la autenticidad que hay en ti o eres un personaje que has construido a lo largo de tu vida, sin saber quién eres realmente?

Reflexiona sobre las respuestas que te des. No son para que te juzgues, sino para que tomes consciencia y te muevas hacia el cambio. Si haces lo mismo, estarás siempre en el mismo sitio, pero si tomas acciones para corregir tu vida, esta será mucho más amable.

Tu ego

Para explicártelo claramente, todos tenemos dos voces internas: una que es nuestra voz guía, que proviene de nuestra alma, y la otra voz que proviene de nuestro ego. Pero, ¿cómo opera el ego en nosotras?

El ego es nuestra voz controladora, contradictoria y negativa. Cuanto más lugar y espacio le demos, menos podremos escuchar a nuestra verdadera voz interior. Todo miedo que experimentamos proviene de él.

El ego se encarga de nuestra supervivencia, su afán de protegernos crea una falsa identidad en nosotras basada en el miedo, para que no salgamos de nuestra zona de confort, por si "corremos algún riesgo". Si estamos cegadas por el ego no podemos ayudar desde allí a nuestros hijos. Por eso es un hallazgo muy interesante para nosotras mismas cuando somos conscientes del ego, y por otro lado de nuestro ser esencial. Cuando vemos (autobservándonos o desde nuestra autopercepción) que empezamos a enfadarnos, y aun así conseguimos mantener la calma y la determinación, pidiendo que se respeten nuestras necesidades sin perdernos el respeto a nosotras mismas ni a nuestros hijos, estamos construyendo una crianza plena tanto para nosotras, como adultas en aprendizaje que somos, como para nuestros niños.

A su vez, le estas dando un ejemplo extraordinario de cómo se pueden controlar y reconducir nuestras emociones cuando el ego nos muestra su cara.

Ejercicio

Una gran ayuda para nosotras, como madres, es preguntarnos cada día:

- ¿Cómo estoy comunicándome y conectándome con mi hijo?
- ¿Estoy respondiéndole y reaccionando desde mi ego controlador e invadiéndolo con creencias mías acumuladas desde mi infancia?
- ¿O estoy actuando desde mi voz interna, mi guía, sin máscaras del ego, para conectar mucho mejor con mi hijo?

Estas preguntas son oro para desarrollar una evolución como madres armónicas y, como consecuencia, poder ser las mejores guías y entrenadoras para nuestros hijos.

Tu subconsciente

Infinidad de estudios científicos demuestran claramente la diferencia entre el consciente y el subconsciente. Este acepta como verdadero todo lo que la mente consciente cree que es cierto. Por eso es de tanta importancia seleccionar los pensamientos que tienes a diario. Lo que pienses la mayor parte del tiempo, el subconsciente lo ejecutará (ya sean pensamientos buenos o malos). Las creencias adquiridas que no nos favorecen debemos reprogramarlas. La mente subconsciente no razona, solo ejecuta; en cambio, la mente consciente sí que razona.

Todo lo que pienses, el subconsciente lo toma como real. Es muy importante que comiences ahora a cuidar tu mente consciente con los pensamientos que te surjan; selecciónalos, sabiendo en tu corazón que tu mente subconsciente está siempre reproduciendo y manifestándose de acuerdo con su pensamiento habitual.

Por lo tanto, para que tu subconsciente trabaje a tu favor debes utilizar herramientas que te permitan reprogramar tus pensamientos y procurar que contribuyan positivamente a tu vida, muchas de las cuales son las que te he presentado a lo largo de esta guía.

Ejercicio

Minutos antes de quedarnos dormidas es un momento trascendental, porque el subconsciente es donde más protagonismo adquiere y los pensamientos negativos se debilitan.

Entonces, antes de dormirte, toma una de las afirmaciones que hemos visto a lo largo de esta guía y repítela con intención, o incluso puedes construir una propia, siempre en positivo y en presente, como ya hemos visto. Constrúyelas con tus imágenes mentales.

En donde tú enfocas la atención antes de dormirte es en lo que trabajará tu subconsciente toda la noche mientras duermes.

Ya ves la importancia que tiene el controlar y enfocar tus pensamientos y acciones antes de irte a dormir.

Afirmaciones

¿Sabías que tus pensamientos y palabras son afirmaciones, tanto si las controlas como si no?

Las afirmaciones son una profunda herramienta de transformación personal, y tienen más importancia de lo que supones, ya que es un elemento clave que direcciona tu vida. Ayudan a reprogramar y a sobrescribir tus creencias limitantes, adquiridas a lo largo de tu vida, permitiéndote conectar contigo misma.

Muchas personas se quedan sin explotar y expandir sus talentos, por haberse enfrentado en su niñez a algún comentario negativo que los ha sumergido en emociones negativas y los ha arrastrado a no creer en sí mismos.

Nosotras, como madres que estamos en contacto con niños, debemos ser conscientes de que para que las afirmaciones nos brinden sus beneficios, debemos mencionarlas desde la alegría, con intención y disposición de apertura. De esta forma indudablemente fortalecerán y enriquecerán el potencial de nuestros niños y evitarán que en su adultez sean seres bloqueados por esas emociones infantiles mal gestionadas.

En la mayoría de los casos, nuestro diálogo interno está lleno de palabras negativas o pesimistas y creencias limitantes arraigadas durante años.

¿Cómo podemos modificar esto?

Con las afirmaciones, porque te permiten elevar tu estado emocional en cualquier momento, le dan dirección a tu vida, enriquecen tu vocabulario positivo y te inspiran entre muchos otros beneficios.

¿Sabías que de acuerdo a lo que te cuentas en tu diálogo interno, tu salud mejora o se resiente?

Sí, todas esas emociones, si son negativas, van enquistándose en nosotros hasta que afloran enfermedades. Los pensamientos negativos desequilibran nuestro estado natural saludable.

Las afirmaciones son una excelente forma de reprogramar esas creencias limitantes que aparecen repetitivamente en nuestra mente, y a los niños los beneficia y ayuda en su autodominio.

¿Sabías que se tarda al menos 33 días en comenzar a reprogramar nuestras pautas de pensamiento?

Las afirmaciones permiten que, poco a poco, cada vez creas más en ti, despertando emociones saludables dormidas, y que la emoción te lleve a la acción. Tus acciones terminan estando más alineadas con lo que sientes. Esas emociones saludables te llevan a elevar tu vibración energética y tus experiencias son más favorables.

Las afirmaciones impregnan tu conciencia, se hacen cada vez más creíbles hasta que terminan formando parte de tu realidad.

Todo aquello en lo que ocupa tu mente la mayor parte de tu tiempo, es en lo que te conviertes.

Pero, ¿cómo podéis aprovechar los beneficios de las afirmaciones, tanto tú como tus hijos?

¿Cómo puedes construirlas?

Haz enunciados positivos que deben indicar cómo quieres que sea tu vida.

Enúncialos en tiempo presente para darle una orden efectiva a tu subconsciente. Al decirlas en voz alta le darás más intención e intensidad.

Utiliza los ejemplos de afirmaciones que tienes al final de cada herramienta explicada en esta guía.

Aprendiendo a respirar

La respiración es la herramienta más potente con la que contamos, y una de las que peor utilizamos.

Puente entre lo físico, lo emocional y lo mental, determina la manera en la que interactuamos con nuestro entorno.

Al nacer, nuestra respiración es plena y profunda, pero con el paso del tiempo, los malos hábitos adquiridos, el estrés, las prisas, los miedos y la angustia rebajan su calidad. Respirar de una forma consciente y plena requiere un desaprender para reaprender.

¿Cómo debemos hacerla?

Empezamos llevando el aire desde la nariz hacia el abdomen mientras notamos cómo este se llena. Dejamos que siga hacia los pulmones, sintiendo cómo se expanden, y lo dirigimos hacia nuestra caja torácica y zona clavicular. Iniciamos la espiración expulsando el aire por las fosas nasales de forma relajada desde la zona alta, pasando por el tórax y finalizando con una pequeña contracción de los músculos abdominales, con la que terminaremos de expulsar los últimos restos de aire.

La respiración en los niños

Es sumamente importante que los niños tomen consciencia desde pequeños de cómo deben respirar correctamente, ya que influye en todas sus funciones vitales de una forma extraordinaria si deciden hacerlo.

Haz con ellos este ejercicio:

Siéntate cómodamente en la cama con los ojos cerrados. Respira 10 veces de forma consciente de la siguiente forma: visualiza cuando inspires durante tres segundos, hinchando el abdomen como si fuera un globo, y haz lo mismo cuando espires durante otros tres, metiéndolo. Hazlo centrándote en tu respiración. Si te distraes no pasa nada, empieza de nuevo desde el principio.

¡Veréis cómo impacta positivamente en vuestras vidas el aprender a respirar correctamente!

Cómo equilibrar todas las areas de tu vida

Caminando hacia tu mejor versión

¿Cuál es tu proyecto de madre?

Habitualmente tendemos a hacer proyectos para nuestros trabajos, proyectos para una cosa y para otra, pero nunca nos detenemos a crear nuestro "proyecto de madre". ¿Qué quiero decir con esto?

Este tipo de educación responsable integral que hemos estado recorriendo a lo largo de esta guía es una educación que no se enfoca en corregir al niño en sí, sino que parte de la base de corregir el estado emocional de la madre (que antes de ser madre, es ser) para que se autodescubra y corrija programaciones que lleva grabadas desde su infancia, y que no contribuyen a su evolución.

Puedes ser el mejor modelo para tus hijos, con el fin de que vivan una vida consciente y de mayor bienestar. Por eso, cuando inicias este camino como madre, es fundamental que te preguntes:

¿Cuál es mi proyecto de madre?

¿Desde qué enfoque voy a proceder en la educación de mis hijos?

La mayoría está tan ocupada que no se detiene a pensar y a reflexionar sobre lo más importante de sus vidas.

Muchísimas madres en mi consulta me preguntan cómo pueden equilibrar su vida profesional con la familiar, y sabemos que ese es un desafío muy grande al cual nos enfrentamos las mujeres.

Tu vida profesional o laboral te debe permitir equilibrar tu vida familiar para poder compartirla con tus hijos, con el resto de los integrantes de la familia, así como también tener el tiempo necesario para ti, porque eres una persona antes que madre y también necesitas reconocerte a ti misma y crearte tus espacios para sentirte plena.

Pero me preguntarás: ¿Y eso cómo se hace?

Cómo digo en mis sesiones, mentorías, cursos y conferencias que imparto: comenzando por aquí.

Sin darte cuenta, leyendo esta guía ya has comenzado. Primero por ti, con todas estas herramientas, y luego poniéndolas en prácticas con tus hijos. A medida que vas ampliando la consciencia, ya no te sientes alineada o resonando con lo que hace tiempo sí coincidías, porque ahora ves que hay amplitud de mirada desde la cual puedes ver otras posibilidades para mejorar tu vida y dirigirte hacia tu mejor versión. Cuando llegas a ser tu mejor versión, todas las áreas de tu vida se equilibran y vives en armonía.

Para ello, por ejemplo, debes escuchar tus anhelos, qué es lo que has dejado aparcado hace años porque no encuentras momento para hacerlo pero viene a tu mente una y otra vez, o por ejemplo, lo que dejas para cuando los niños sean más mayores. Déjame decirte que no existe el momento perfecto. El momento ideal es ahora.

Para ayudarte un poco más, te voy a compartir un ejercicio simple pero revelador.

Responde con consciencia a estas preguntas:

¿Qué harías si te quedara solo un mes de vida?

¿Qué harías si te quedara solo una semana de vida?

¿Qué te hubiese gustado hacer que por miedos, circunstancias o falta de tiempo, no has podido hacer porque te queda solo una hora de vida?

Quizás este ejercicio te parecerá muy extremo, pero ¿sabes qué? Numerosas investigaciones científicas han hecho estas preguntas a cientos de personas en su lecho de muerte y, ¿sabes de qué se han arrepentido?

Se lamentan de no haber escuchado a su alma, a sus anhelos, e ir en busca de ellos. Desde su lecho de muerte, todas las excusas que se habían puesto para no cumplir lo que tanto han querido no tenían sentido, solo era un autosabotaje de la mente para no salir de la zona de confort e ir en busca de sus pasiones, explotando todos sus talentos con todo lo que tenían para ofrecer al mundo.

Esta es una pincelada de una dinámica que hace que nos demos cuenta de nuestras excusas para no ir en busca de aquello que tanto queremos y nos autorrealiza como seres que somos.

Y pensando en nuestros hijos, ellos valoran y aprecian a aquellas madres que van en busca de lo que quieren realmente, escuchándose a sí mismas. Lo perciben todo.

¡Cuando vas en busca de tus anhelos, le sirves de modelo a tus hijos y los inspiras de una forma "Gran Diosa"!

Si sientes que hay mucho más en ti que aún no has podido sacar a la luz, y no te sientes autorrealizada a nivel global, busca la forma de hacer aquello que te apasiona. Te sentirás plena contigo misma, y además con todas las energías para acompañar a tus hijos en su crecimiento desde un mejor lugar, y podrás dedicarles tiempo de calidad.

La llegada de tus hijos a tu vida se convierte en un nuevo mundo para que explores en ti misma, para conocerte y reinventarte. De esta forma tu estado mental y emocional cambia radicalmente, vives tu día a día con más vitalidad y alegría, y cuando se presentan obstáculos te sientes con ganas de superarlos porque estás haciendo lo que verdaderamente amas.

Es hora de que descubras el diamante que hay escondido en ti. Es una oportunidad que te das de vivir la vida desde tu derecho de libertad según lo que el corazón te dicte.

¿Estás lista para cumplir a consciencia con tu propósito de vida y los anhelos de tu alma?

Cuando te abres y te haces más consciente, quieres vivir desde lo que te apasiona e iniciar un emprendimiento con propósito y mucho más.

Si quieres profundizar más en tu evolución global, de una forma integral, puedes acceder a mi entrenamiento gratuito:

www.grandiosasconpower.com/entrenamiento_gratuito

Para que puedas emprender desde el ser, y ser la mejor inspiración para tus hijos. Este entrenamiento no está abierto todo el año. Si cuando accedes no es así, puedes apuntarte a la lista de espera y mientras tanto recibirás contenido de valor, sumándote a mi comunidad formada por miles de mujeres valientes que han querido una vida mejor para ellas y para sus hijos.

Y si quieres saber sobre estos temas más en profundidad, puedes disfrutar de mi programa de *podcast* "Desayuno con Gran Diosas": *https://anchor.fm/gran-diosas-con-power*

Y aquí: *https://linktr.ee/grandiosasconpower*

Podrás estar en contacto conmigo y acceder a diversidad de material de reflexión, entrevistas y mucho contenido de valor que te puede ayudar a dar estos pasos esenciales y tan importantes para tu vida, como así también todo lo relacionado con *coaching* para niños y crianza consciente.

Si quieres compartir conmigo tus inquietudes, más temas que te interesaría que aborde, sensaciones o experiencias puedes contactar a mi *e-mail*: *grandiosasconpower@grandiosasconpower.com*.

Te doy mi más profunda enhorabuena por haber llegado hasta aquí, valoro muchísimo tu valentía porque sé que no es fácil decidirte a cambiar realmente tu vida y la de tu familia, pero... ¡tú lo has hecho!

Lo celebro contigo y espero que sigamos juntas compartiendo muchos más momentos como este...

Encuentra más contenido de valor en *instagram* *@grandiosasconpower*

Patrocinio

¿Te sientes agobiada, cansada y que no puedes con todo?

Mejora tu vida y reencuentrarte con la mujer poderosa que hay en ti.

Experimentarás y conseguirás al instante:

- Más relajación y tranquilidad.

- Más amor propio y seguridad.

- Más confianza y energía vital.

- Más disfrute con tus hijos.

www.grandiosasconpower.com

grandiosasconpower@grandiosasconpower.com